Philippe Bourseiller

Die Schönheit der WELT Tag für Tag

365 Ideen, unsere Erde zu bewahren

Vorwort von
Elizabeth Kolbert

Texte von
Till Meyer und Anne Jankéliowitch

KNESEBECK

Für Frédéric und Nicolas in Liebe

»On n'empêche pas une hirondelle de s'envoler …«

VORWORT

Das Buch, das Sie in den Händen halten, birgt einen Widerspruch – man könnte auch sagen, ein Missverhältnis – in sich. Einerseits gibt jedes Kalenderblatt einen Umwelttipp wie etwa: Überprüfen Sie die Abgase Ihres Autos; verwenden Sie nur so viel Wasser, wie Sie tatsächlich benötigen, um Ihren Tee oder Kaffee aufzubrühen. Auf der anderen Seite finden Sie ein spektakuläres Foto aus der Kamera Philippe Bourseillers: das Denali-Bergmassiv in Alaska, der Kilauea-Vulkan auf Hawaii oder der Gipfel des Cerro Torre in Patagonien. Auf der linken Seite des Buches steht das Alltägliche, Praktische – auf der rechten Seite das Großartige, Erhabene.

Denkt man jedoch etwas länger über das Missverhältnis zwischen rechter und linker Buchseite nach, stellt man überrascht fest, dass es sich keineswegs um einen Widerspruch handelt – im Gegenteil: Unser ganz banaler Alltag – was wir essen, wie wir zur Arbeit kommen, wie wir unsere Freizeit verbringen – hat nicht nur tiefgreifende Auswirkungen auf unsere unmittelbare Umgebung, sondern auch auf weit entfernt liegende Orte dieser Welt, etwa die Arktis oder Antarktis. In der täglichen Routine zwischen unterirdischer Parkgarage, hermetisch abgeriegelten Bürotürmen und vollklimatisierten Wohnräumen übersehen wir diese Zusammenhänge häufig. Umso wichtiger ist es, dass wir sie uns immer wieder bewusst vor Augen führen.

Die Lebensmittel, die wir im Supermarkt kaufen, werden oft um den halben Globus transportiert. Der Konsum mancher Waren ist mit verantwortlich für die Zerstörung ferner Wälder und eingeborener Völker. Der Dünger, der auf den Feldern ausgebracht wird, landet über die Flüsse in den Meeren; dort verursacht er blühende Algenteppiche und mit Nährstoffen übersättigte Todeszonen, in denen kein einziger Fisch überleben kann. Wenn wir die nur halb gefüllte Geschirrspülmaschine anschalten, vergeuden wir wertvolle Energie, ebenso, wenn wir für kurze Strecken das Auto nehmen und dabei Kohlendioxid in den Himmel pusten. Die Folgen solchen Handelns werden nicht nur zukünftige Generationen zu spüren bekommen, sondern

Millionen von Menschen erfahren sie bereits jetzt am eigenen Leib.

Die globale Erderwärmung ist vielleicht das beste Beispiel, wie wir mit unserem täglichen Verhalten den Zustand des Planeten verändern. Einer der erstaunlichsten Orte, die Philippe Bourseiller für diesen Band fotografiert hat, ist Grönland, das gleich nach der Antarktis das größte Eisschelf der Erde besitzt. Im letzten Sommer hatte ich Gelegenheit, Grönland zu besuchen und mich dort mit einigen Wissenschaftlern zu unterhalten, die sich mit den Auswirkungen des Treibhauseffektes auf das Eis beschäftigen. Einen ganzen Tag verbrachte ich an der Disco Bay. Ich sah den Eisbergen zu, wie sie langsam hinaus in den Ozean drifteten, und sprach mit den einheimischen Fischern. Sie erzählten mir, wie die Eisberge in der Bucht von Jahr zu Jahr immer kleiner werden. Statt auf gigantische weiße Riesen zu blicken, die wochenlang in der Bay umhertreiben, sieht man heute nur noch flache Inselchen, die schnell auseinander brechen. Die Fischer berichteten mir auch, dass Disco Bay, solange sie sich erinnern konnten, jeden Winter monatelang völlig zugefroren war. In den letzten Jahren aber ist die Bucht das ganze Jahr über offen geblieben. Die Fischer beunruhigt dies zutiefst – und auch uns sollte es beunruhigen.

Meereis reflektiert Sonnenlicht, offenes Wasser absorbiert es. Über weite Strecken verschwindet das Meereis, die Reflexionsfähigkeit des Planeten nimmt dadurch ab. Das Ergebnis ist ein Rückkoppelungsmechanismus, der durch die vom Menschen verursachte Klimaerwärmung noch verstärkt wird und uns einer Katastrophe immer näher bringt. Wissenschaftler warnen uns: Wenn nicht bald konkrete Schritte unternommen werden, um die Emissionen klimawirksamer Treibhausgase einzudämmen, dann schmilzt nicht nur das Meereis, sondern auch das Festlandeis. Die Folgen wären gravierend, denn das Festlandeis enthält genug Wasser, um den Meeresspiegel über sieben Meter ansteigen zu lassen. Jedes Mal, wenn wir aufs Gaspedal treten oder den Fernseher anschalten, tragen wir zu Klimaerwärmung und zum Treibhauseffekt bei.

Die Bilder Philippe Bourseillers zeugen von der unbändigen Kraft der Natur und zeigen zugleich ihre Zerbrechlichkeit. Auch dies scheint zunächst ein Widerspruch, der sich jedoch bei genauerer Betrachtung auflöst. Die Kraft der Natur, die diesen Planeten über Äonen geformt hat – ob durch vulkanische Eruptionen oder kontinentale Verschiebungen –, liegt außerhalb des Einflussbereichs des Menschen. Ein Mensch, der über ein Eisfeld wandert, oder eine Person, die sich hinabseilt ins Trou de Fer (Höllenloch) von Réunion, erscheinen auf den Bildern Bourseillers kaum größer als winzige orangefarbene oder graue Punkte. So klein wir Menschen im Gegensatz zur Natur auch sein mögen, offenbar sind wir dazu fähig, Tierarten zu vernichten, die diesen Planeten schon seit langer Zeit bevölkert haben – viel länger als unsere eigene Spezies. Wir sind im Begriff, die chemische Zusammensetzung der Atmosphäre unseres Planeten grundlegend zu verändern, indem wir die fossilen Brennstoffe aufbrauchen, die in einer Zeit abgelagert wurden, als die Dinosaurier noch den Planeten besiedelten. Jüngste Eiskernanalysen in der Antarktis zeigen, dass wir es im Laufe des kaum 150 Jahre währenden Industriezeitalters fertig gebracht haben, den Kohlendioxidgehalt so hoch zu treiben, wie er es in den letzten 650 000 Jahren nicht mehr gewesen ist. Bourseiller betont: »Legt man einen geologischen Maßstab an, dann ist die Zeitspanne, die ein Mensch auf der Erde verbringt, verschwindend gering; aber die Spuren, die er hinterlässt, sind gewaltig und destruktiv.«

Bei aller Erhabenheit, die seine Fotografien ausstrahlen, ist oft auch eine elegische, wehmütige Stimmung zu spüren. »Ich habe die Wirklichkeit meiner Bilder weder manipuliert noch auf irgendeine Weise verfremdet«, sagt Philippe Bourseiller. »Ich bin zufrieden, wenn es mir gelingt, einen Moment der Wirklichkeit abzubilden. Vielleicht kann ich durch meine Bilder einige Menschen davon überzeugen, wie gefährdet und schützenswert die Natur in ihrer ganzen Schönheit und Würde ist.«

Elizabeth Kolbert

THEMATISCHER INHALT DER TIPPS

HAUS UND WOHNUNG

Januar: 2., 4., 5., 7., 13., 16., 18., 26., 28., 30.

Februar: 1., 3., 6., 7., 10., 15., 17., 21., 23., 25., 28.

März: 1., 10., 12., 14., 18., 23., 26., 28., 30.

April: 2., 7., 8., 17., 19., 22., 26., 28., 29.

Mai: 4., 7., 13., 14., 17., 20., 22., 23., 25., 28., 30., 31.

Juni: 1., 2., 5., 6., 7., 11., 13., 21., 22., 24., 26., 27., 30.

Juli: 5., 8., 9., 18., 24.

August: 1., 7., 9., 17., 21., 24., 28.

September: 5., 6., 8., 14., 18., 21., 24., 25., 27., 30.

Oktober: 1., 3., 6., 9., 11., 12., 16., 17., 18., 20., 23., 30., 31.

November: 5., 7., 8., 10., 11., 14., 15., 16., 18., 21., 29.

Dezember: 2., 5., 6., 8., 11., 14., 16., 17., 19., 28., 30.

EINKAUFEN/DIENSTLEISTUNG

Januar: 1., 8., 9., 12., 15., 17., 20., 22., 27., 31.

Februar: 16., 19., 22.

März: 2., 5., 9., 11., 15., 19.

April: 1., 3., 5., 15., 18., 23., 27.

Mai: 2., 5., 8., 9., 18.

Juni: 12., 15., 16., 23., 28.

Juli: 3., 6., 11., 17., 23., 25., 27., 28., 29.

August: 3., 11., 19., 22., 23., 27.

September: 2., 9., 11., 23., 26., 29.

Oktober: 8., 15., 21., 24., 29.

November: 4., 9., 12., 17., 19., 23., 26.

Dezember: 20., 24., 27., 29., 31.

FREIZEIT UND ERHOLUNG

Januar: 10., 11., 24.

Februar: 2., 4., 5., 13., 14., 26.

März: 3., 13., 16., 24., 29.

April: 6., 13., 14., 16., 21., 25.

Mai: 6., 12., 16., 19., 26., 27.

Juni: 3., 8., 9., 14., 17., 19., 20., 29.

Juli: 7., 10., 13., 14., 15., 16., 19., 20., 26., 31.

August: 2., 6., 14., 18., 20., 25., 26., 31.

September: 1., 7., 13., 19., 28.

Oktober: 4., 7., 19., 26., 27.

November: 6., 24.

Dezember: 12., 18., 22., 25., 26.

AUTO UND VERKEHR

Januar: 19., 23., 25.
Februar: 11., 20.
März: 4., 6., 8., 20., 31.
April: 4., 11.
Mai: 10., 21.
Juni: 10., 18., 25.
Juli: 2., 12., 22.
August: 4., 5., 8., 13.
September: 10., 22.
Oktober: 2., 14., 28.
November: 2., 22., 27.
Dezember: 1., 7.

BILDUNG/ERZIEHUNG

Januar: 6.
März: 22., 27.
April: 10.
Mai: 1.
Juni: 4.
Juli: 21., 30.
August: 10., 16., 29.
September: 3., 16., 20.
Oktober: 10.
November: 30.
Dezember: 15., 21., 23.

BÜRO UND COMPUTER

Januar: 14., 21.
Februar: 9., 18., 27.
März: 7., 17.
April: 9., 30.
Mai: 15.
Juli: 4.
August: 30.
September: 4., 15.
Oktober: 5., 13., 22., 25.
November: 1., 3., 13., 20., 28.
Dezember: 3., 9., 10.

GARTEN UND NATUR

Januar: 3., 29.
Februar: 8., 12., 24.
März: 21., 25.
April: 12., 20., 24.
Mai: 3., 11., 24., 29.
Juli: 1.
August: 12., 15.
September: 12., 17.
November: 25.
Dezember: 4., 13.

1. Januar

Shopping bei Fernreisen

Blick in den Höllenschlund des Vulkans Ambrym in dem Südseearchipel Vanuatu: Im Zeitalter der Billigflüge ist der Urlaub im Südseeparadies für fast jedermann zu einem erschwinglichen Abenteuer geworden. Das Inselreich Ozeaniens lebt vom Tourismus. Ohne die Einkünfte aus dem Fremdenverkehr würden der landwirtschaftliche und forstwirtschaftliche Raubbau sowie Überfischung dramatisch zunehmen. Allerdings sollte man sich unbedingt vor Pauschalreisen und All-inclusive-Angeboten hüten, da diese kaum Geld im Land lassen. **TIPP: Suchen Sie bei Fernreisen gezielt nach Souvenirs, die in der Region selbst hergestellt werden, nehmen Sie Dienstleistungen vor Ort in Anspruch, und meiden Sie die Angebote internationaler Konzerne und großer Handelsketten.**

Vulkan Ambrym, Vanuatu

2. Januar

Energieeffizienz

Die Walhaie sind mit einer Länge von bis zu 18 Metern die größten Fische der Welt. Sie ernähren sich, wie auch viele Wale, von Plankton und Kleinstlebewesen. Doch anders als die großen Meeressäugetiere, die meist eine dicke Schicht Blubber (Fett) vor Kälte schützt, bevorzugen Walhaie tropische Gewässer mit Temperaturen von 21 bis 25 °C. **TIPP: Die optimale Umgebungstemperatur für Menschen sollte 20 °C am Tag und etwa 18 °C in der Nacht nicht übersteigen. Vermeiden Sie Überhitzung im Haus. Der Anstieg der Raumtemperatur um drei Grad bedeutet einen zusätzlichen Energieverbrauch von sieben bis elf Prozent (abhängig von Isolierung und Dämmung).**

Walhai, Australien

3. Januar

Recycling des Weihnachtsbaums

Die Frage, ob der Weihnachtsmann aus Grönland oder vom Nordpol kommt, ist nicht endgültig geklärt – fest steht jedoch, dass Grönland zu Dänemark gehört und Dänemark der größte Weihnachtsbaumproduzent in Europa ist. An der Universität von Kopenhagen arbeiten Forscher sogar daran, mit Hilfe der Gentechnik den idealen Weihnachtsbaum zu erschaffen. In Deutschland werden alljährlich etwa 25 Millionen Weihnachtsbäume verkauft. Doch nur rund ein Drittel aller Weihnachtsbäume kommt aus dem Wald. Zwei Drittel der Bäume werden in Plantagen gezogen. Zehn Prozent der Weihnachtsbäume werden hauptsächlich aus Dänemark, aber auch aus Irland, Osteuropa und Österreich importiert. **TIPP: Erkundigen Sie sich nach Fichten und Douglasien aus einem Wald in Ihrer Nähe. Viele Nadelbäume fallen ohnehin bei Durchforstungsaktionen an.**

Schneesturm über dem Inlandeis Grönlands

Sonnenenergie in der Nacht

Nord- oder Polarlicht entsteht, wenn Teilchen des Sonnenwinds in die Erdatmosphäre eintreten. Wegen des senkrechten Verlaufs der Magnetfelder über der Erdoberfläche sind die Regionen um die Pole besonders günstig für Nord- bzw. Südlichter. Unabhängig vom Verlauf der Magnetfelder ist die Kraft der Sonne allerdings auch in gemäßigten Breiten noch äußerst stark. Laut Berechnungen des »Bundes der Energieverbraucher« liefert uns die Sonne täglich 80-mal mehr Energie, als wir insgesamt verbrauchen. TIPP: **Welche Energie ist die beste? Auf billigere oder umweltfreundlichere Energien umzusteigen ist einfacher, als Sie denken. Fragen Sie nach beim »Bund der Energieverbraucher« (www.energieverbraucher.de).**

Polarlicht, Finnland

5. Januar

Große frieren weniger

Die zierliche Antilope auf diesem Foto und der tonnenschwere Elch in Alaska verkörpern dasselbe Naturgesetz. Es ist unter Zoologen als »Bergmann'sche Regel« bekannt und besagt, dass Tiere innerhalb einer systematischen Gruppe (z. B. Paarhufer) in kälteren Regionen größer sind als in wärmeren Regionen. Je größer das Tier ist, umso kleiner ist das Verhältnis von Oberfläche zu Volumen, und umso geringer ist folglich der Wärmeverlust. **TIPP: Beugen Sie dem Wärmeverlust in Ihrer Wohnung durch Reflektoren an den Heizkörpern vor. So kann die Abstrahlung und damit die Energieeffizienz in Haus und Wohnung wesentlich verbessert werden.**

Wüste in Namibia

6. Januar

Bären im Gebirge

Die Halbinsel Kamtschatka ist nicht nur aufgrund ihrer unzähligen, teilweise aktiven Vulkane bekannt, sondern auch wegen der gar nicht so seltenen Braunbären. Was man kaum weiß – auch Mitteleuropa ist längst Bärenland. Die nächsten Bestände gibt es in Österreich und Italien. Um die Bären zu beobachten, sollte man einen anderen Zeitpunkt als den Januar wählen – zu dieser Zeit halten die Raubtiere nämlich Winterschlaf, übrigens auch ganz in der Nähe des Gardasees sowie des berühmten Skigebiets »Madonna di Campiglio«. **TIPP: Die Zukunft der großen Raubtiere wie Wolf, Bär und Luchs in Europa ist abhängig von der Akzeptanz durch die Gesellschaft, und die beginnt im Biologieunterricht in der Schule. Reden Sie mit den Biologielehrern über Projekte zum Schutz von Großraubtieren.**

Klyuchevskaya-Vulkan, Kamtschatka, Russland

Wenn Eisberge kippen

Die meisten Eisberge auf der Nordhalbkugel wurden in Grönland gekalbt (so der Fachausdruck für ihre Entstehung durch Abbruch). In der Regel befindet sich nur ein Neuntel eines Eisbergs über der Wasseroberfläche. Dieses Verhältnis kann sich jedoch grundlegend ändern, wenn sich der Schwerpunkt des Eisbergs durch Abschmelzung verlagert und dieser umkippt. Der Klimawandel, der dies mit verursacht, ist in der Arktis am deutlichsten spürbar. Die Temperaturen in der Eiswüste des Nordens sind zwei- bis dreimal schneller gestiegen als im globalen Durchschnitt. Vor allem der Anstieg von Treibhausgasen wie Kohlendioxid wird hierfür verantwortlich gemacht. **TIPP: Verbessern Sie Ihre persönliche Kohlendioxidbilanz deutlich, indem Sie Isolierfenster einbauen und bei allen Reisen, deren Zielorte weniger als 300 Kilometer entfernt sind, mit der Bahn fahren.**

Eisberg, Grönland

Naturschutz und Menschenrechte

Baja California liegt an der Grenze zwischen Mexiko und den USA. Diese Grenze ist vor allem durch illegale Auswanderungsversuche bekannt geworden. Weniger bekannt ist, dass es in der Region auch große, grenzübergreifende Naturschutzinitiativen gibt. Im Gegensatz zu den USA gehört Mexiko zu den Schwellenländern. Es bemüht sich, an die westlichen Märkte Anschluss zu finden – auf Umweltstandards und Menschenrechte wird dabei aufgrund der harten Konkurrenz häufig wenig Rücksicht genommen. Zu den Exportprodukten Mexikos gehören Kaffee, Kaugummi und Tabak. **TIPP: Achten Sie beim Kauf dieser und anderer Produkte auf das weltweit eingeführte Fair-Trade-Siegel (www.fairtrade.de).**

Lagune in Baja California, Mexiko

Baumartenethik

Die Akazie ist ein typischer Baum der afrikanischen und auch der australischen Savannen. Im Gegensatz zu anderen Baumarten sind Akazien und ihr Lebensraum nicht akut durch Abholzung und Raubbau bedroht. Anders verhält es sich bei Tropenholzarten wie Amaranth, Ebenholz, Eukalyptus, Jatoba, Teak. Allerdings würde ein Boykott dieser Arten auch jene Länder schädigen, die sich um eine nachhaltige Nutzung bemühen. **TIPP: Fragen Sie in Baumärkten nach Tropenholz aus zertifizierter Produktion, das z. B. das Siegel des FSC (Forest Stewardship Council Arbeitsgruppe Deutschland – www.fsc-deutschland.de) trägt.**

Akazie, Namibia

Spaß in der Natur

Korallen werden durch in Kolonien lebende Nesseltierchen, die Korallenpolypen, aufgebaut. Über Jahrzehnte und Jahrhunderte entstehen so farbenprächtige Riffe, in denen unzählige Tierarten Schutz und Nahrung finden. Sie sind nicht nur durch die Aufheizung der Meere bedroht, sondern auch durch Taucher. Auch das versehentliche Abbrechen von Korallen durch Schnorchler, die zu nah an die Riffs herantauchen, spielt eine Rolle. **TIPP: Egal, ob Sie Tiefseetaucher sind, Schnorchler, Kanufahrer, Bergsteiger, Segler oder Mountainbiker: Wenn Sie Ihrem Hobby in einmaligen Naturräumen nachgehen, sollten Sie sich einem Verein anschließen, der Sie darüber informiert, was Sie zum Schutz der Umwelt beachten sollten.**

Weichkoralle, Indonesien

Wildtiere sollen wild bleiben

Etwa 1000 Kilometer westlich von Ecuador liegt im Pazifik der Galapagosarchipel, der als wahres Tierparadies gilt. Schon Charles Darwin bewunderte die Tierwelt, zu der unter anderem die urtümlichen Landleguane und Meerechsen zählen. Die Tiere haben sich an die Touristen gewöhnt, sind aber alles andere als zahm. Wer die Tiere füttert, riskiert nicht nur eine Verwarnung seitens der Ranger, sondern gefährdet auch das natürliche Verhalten und die Gesundheit der Tiere. **TIPP: Ob Hirsche, Wildschweine in unseren Wäldern oder Leguane in fernen Ländern, das natürliche Verhalten der Wildtiere lässt sich nur dort beobachten, wo die Tiere nicht von Menschen gefüttert werden. Gerade in vielen stadtnahen Wäldern gehört es zu den Aufgaben der Forstverwaltung, den Besuchern auch Erlebnisse mit Wildtieren zu vermitteln. Fragen Sie bei der Forstdirektion Ihrer Gemeinden, wo Wildschweine und Rothirsche beobachtet werden können.**

Meerechsen, Galapagos

12. Januar

Naturverträglich investieren

Aus der Ferne ist schwer zu erkennen, ob der einsame Reitersmann in Patagonien (einer Großlandschaft zwischen Chile und Argentinien) zu den wenigen noch verbliebenen Gouchos gehört. Die Produktion von Schafwolle, für die einst viele einheimische Arbeitskräfte benötigt wurden, liegt inzwischen fast gänzlich in den Händen von Großkonzernen. Rationalisierungsmaßnahmen verursachen Arbeitslosigkeit und ökologische Probleme. **TIPP: Wer sein Geld sozial- und naturverträglich für sich arbeiten lassen möchte, sollte sich über ethische Fonds informieren (www.ethikfonds-vergleich.de).**

Patagonien, Argentinien

Seltsame Blüten im Eis

Die wunderschönen Eisblumen entstehen völlig unromantisch an Schlieren, Kratzern und verunreinigtem Glas und vor allem an nicht isolierten Fenstern. Der Energieverbrauch Ihrer Wohnung im Winter ist nicht nur von der Heizung und der Fensterisolierung abhängig, sondern auch vom Kühlschrank. Dessen Energieverbrauch wiederum ist deutlich von der Umgebungstemperatur abhängig. Ist ein Raum überheizt, steigt der Energieverbrauch des Kühlschrankes um bis zu 40 Prozent. **TIPP: Achten Sie darauf, dass der Kühlschrank möglichst weit von Wärmequellen wie Herd und Heizung entfernt steht. Vermeiden Sie es, Töpfe mit nicht abgekühlten Speisen in den Kühlschrank zu stellen – dies erhöht seinen Energieverbrauch erheblich.**

Raureif, Schweden

14. Januar

Erdöl gegen Menschenrechte

Die zentralafrikanische Republik Tschad ist etwa dreieinhalbmal so groß wie Deutschland, verfügt aber nur über ein Straßennetz von knapp 200 Kilometern. Laut »Human Development Index« der UNO liegt das von Bürgerkrieg und regelmäßigen Dürren gebeutelte Land auf Rang 167 (Das Jammerland Deutschland steht immerhin an 19. Stelle). Die verstärkte Nutzung von Bodenschätzen wie Erdöl trägt kaum zur wirtschaftlichen Gesundung dieses Landes bei. Die Menschenrechtsorganisation amnesty international befürchtet Umweltverschmutzung und Menschenrechtsverletzungen im Zuge des Ölbooms. **TIPP: Informieren Sie sich im Internet über das Ölprojekt und darüber, wie Sie helfen können (www.erdoel-tschad.de, www.eirene-deutschland.org).**

Sandsteintürme, Tschad

15. Januar

Die Farben der Wüste

Rot, Grün, Gelb und Braun – die Farben im Staatswappen der Republik Algerien spiegeln die abwechslungsreiche Landschaft dieses Mittelmeerstaates wider, darunter Hochgebirge, Sanddünen und mediterrane Strauch- und Baumvegetation wie Macchien, Aleppokiefern und Steineichen. **TIPP: Viele Wandfarben emittieren toxische Dämpfe und enthalten Schwermetalle, besonders wenn sie gegen Schimmel und Algenbefall schützen sollen. Erkundigen Sie sich nach neu entwickelten, nichttoxischen Malerfarben auf der Basis von Nanotechnologie.**

Sanddünen, Algerien

Evolution geht durch den Magen

In der römischen Mythologie war Vulkanus der Gott des Feuers und des Schmiedens. Feuer brachte unseren Vorfahren einst den entscheidenden Entwicklungsvorsprung gegenüber den anderen Menschenaffen, die sich zumeist vegetarisch ernährten. Feuer machte es möglich, Fleisch durch Braten zuzubereiten, aber auch Wurzelgemüse zu kochen. Dies verbesserte die Ernährungsbedingungen der Zweibeiner entscheidend und machte das Anwachsen der menschlichen Population überhaupt erst möglich. **TIPP: Essen Sie mehr Wildbret. Die nachhaltige Nutzung von Wildbeständen trägt nicht nur in Deutschland zur Artenvielfalt bei.**

Lava, Kilauea-Vulkan, Hawaii

Persönliche Ursuppe

Bei einem Vulkanausbruch tritt rot glühendes Magma aus dem Vulkanschlund aus und wird zu Lava. Die dabei ausgestoßenen Gase wie Wasserdampf, Kohlendioxid, Stickstoff, Wasserstoff und Schwefel waren einst auch die Bestandteile der »Ursuppe«, die zur Entstehung allen Lebens auf der Erde beitrug. Inzwischen sind einige dieser Substanzen im Übermaß vorhanden und maßgeblich für den Treibhauseffekt verantwortlich. **TIPP: Verbessern Sie Ihre persönliche Stickstoff- und Kohlendioxidbilanz. Durch den Kauf von Bioprodukten tragen Sie mittelfristig dazu bei, dass weniger Stickstoffdünger verwendet wird. Jeder noch so kleine Beitrag zum Energiesparen verbessert Ihre persönliche Kohlendioxidbilanz.**

Vulkan Piton de la Fournaise, Réunion

18. Januar

Die mit dem Blubb

Schlammvulkane entstehen in geothermal aktiven Gebieten, wo vulkanisch verursachte heiße Quellen aus dem Boden treten und sich mit Vulkanasche, Lehm und anderen feinen Partikeln vermengen. Der bekannteste »Blubb« ist der Geysir Old Faithful im Yellowstone-Nationalpark. Auch in Deutschland gibt es heiße Quellen und wasserführende, heiße Gesteinsschichten (Aquifere), die zur Energiegewinnung genutzt werden. **TIPP: Verwenden Sie einen elektrischen Wasserkocher anstatt eines Kochtopfs. Sie sparen so bis zu 40 Prozent Energie und Heizkosten.**

Schlammvulkan, Kamtschatka, Russland

19. Januar

Reif für die Insel

Viele Inseln sind naturgemäß nur mit großem Aufwand per Auto zu erreichen. Manche Inselverwaltungen, z. B. auf Naxos im Mittelmeer, Guernsey im Ärmelkanal oder Wangerooge und Juist in der Nordsee, haben aus der Not eine Tugend gemacht und den Autoverkehr ganz verboten. Wer hier Urlaub macht, lernt zu schätzen, wie schön das Leben ohne Autobahnstress, Ampeln, Parkplatzsuche, Krach und Gestank sein kann. **TIPP: Durch die hohen Rohölpreise ist eine allgemeine Geschwindigkeitsbeschränkung kein Tabuthema mehr. Bedenken Sie, dass bei einer Geschwindigkeit von über 100 Stundenkilometern der Benzinverbrauch drastisch ansteigt.**

Fluss, Island

Tiere richtig beobachten

Robben und Seelöwen gehören zur Unterklasse der Pinnipedia, der Flossenfüßer. Entsprechend schwerfällig sind diese Tiere an Land. Eine Flucht ist immer energieaufwendig und schadet den Tieren. Wer Seehunde in ihrem natürlichen Lebensraum kennen lernen und erleben möchte, sollte dies nie auf eigene Faust tun, sondern stets im Rahmen einer Exkursion. **TIPP:** **Erkundigen Sie sich in den Nationalparks und Naturschutzgebieten nach Führungen. Nicht nur die Nationalparkverwaltungen bieten Führungen an, fragen Sie in den Fremdenverkehrsbüros auch nach privaten Exkursionen, die in der Regel besondere Highlights bieten.**

Seelöwe, Galapagos

Lebendiges Lexikon

Snæfellsjökull – so heißt der 1446 Meter hohe Vulkan auf Island, wo die »Reise zum Mittelpunkt der Erde« begann. In dem gleichnamigen Roman von Jules Verne gelingt die Durchquerung der Erde, und das Forschungsteam gelangt in einem Vulkan auf Sizilien wieder ans Licht der Erde. Jules Vernes These, die Erde sei hohl, ist schon lange widerlegt. Da das Innere unseres Planeten einer direkten Beobachtung nicht zugänglich ist, nutzen die Wissenschaftler verschiedene Verfahren, um die Vorgänge im Inneren der Erde auszuloten. Neben der Analyse von Erdbebenwellen und der Vermessung der Kontinentaldrift gehören hierzu Computermodellierungen. **TIPP: Auf der Suche nach Fakten kommen Sie in dem Internetlexikon wikipedia.org nicht nur zum Mittelpunkt der Erde. Das Lexikon wird ständig erweitert. Wer über spezielles Fachwissen z. B. zu Ökologie, Wildtieren oder Naturschutz verfügt, kann selbst zu diesem Lexikon beitragen.**

Vulkansee, Island

Meiden Sie Massenprodukte und Billigangebote

Auf der Suche nach Schnäppchen wird man in großen Discountläden am Stadtrand schnell fündig. Gerade im Lebensmittelbereich lässt sich hier viel Geld sparen, auf der »grünen Wiese« ist noch viel Platz und in den Regalen und Tiefkühllagern auch. Großabnehmer kontrollieren den Markt und können die Preise zum Nachteil der Landwirte, der Nutztiere und ihrer Lebensräume drücken. Durch Tiefkühllager und lange Anfahrtswege wird viel Energie verschwendet. **TIPP: Wer es sich leisten kann, sollte möglichst nah am eigenen Wohnort einkaufen und frische Ware aus biologischem Anbau wählen.**

Rosa Flamingos, Kenia

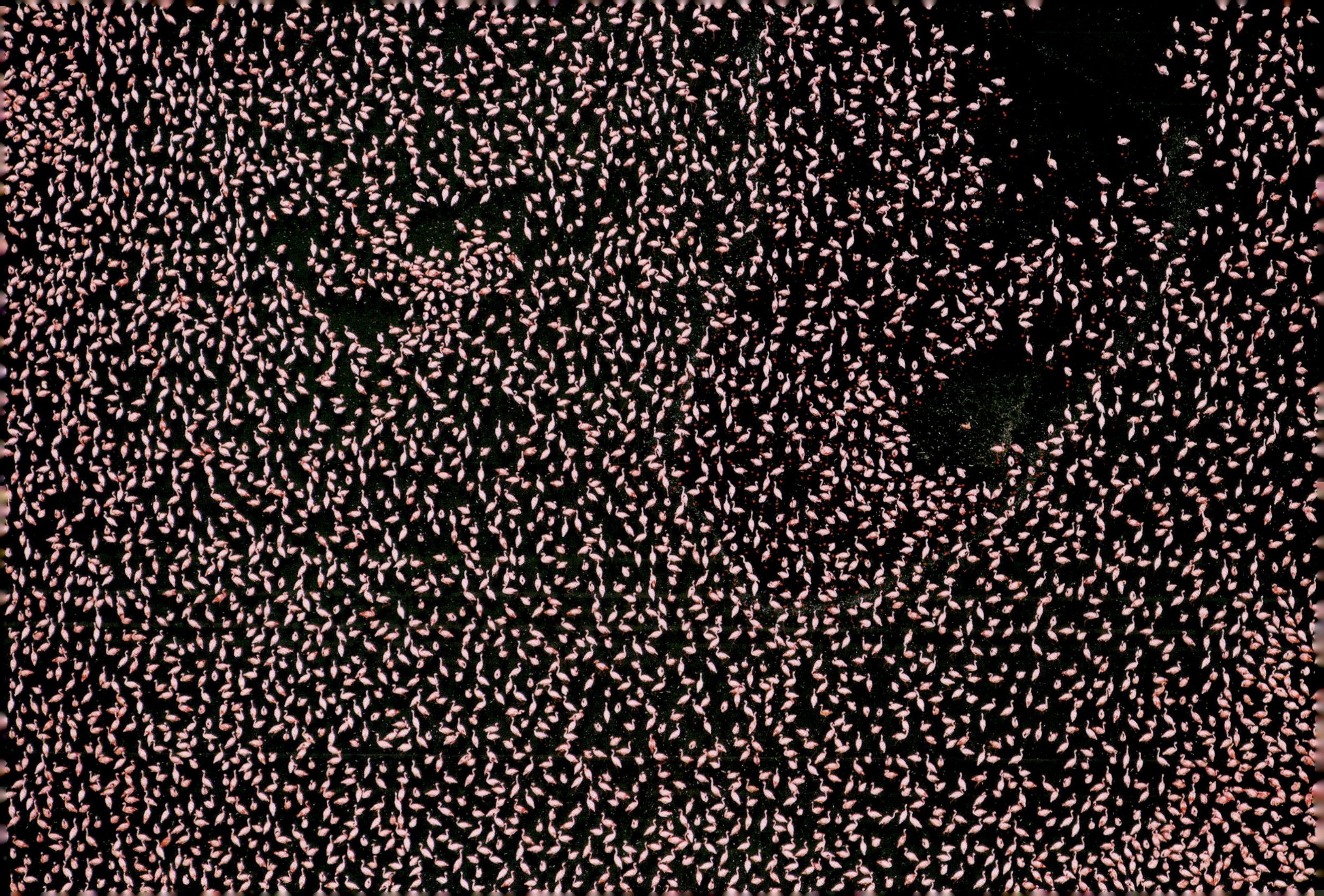

Alkali in Afrika und anderswo

Der Magadi-See in Kenia ist vielleicht einer der abweisendsten Seen der Welt, eine schimmernde rosa Hölle von überwältigender Hitze und Gestank, mit Temperaturen von über 38 °C. Der Grund für den Gestank ist der hohe Alkaligehalt. Im Magadi-See wird das Mineralgemisch Trona gewonnen, welches wiederum zu Pottasche und Natriumchlorid verarbeitet wird. Alkali-Mangan-Batterien zählen zu den wichtigsten elektrochemischen Energiespeichern. **TIPP: Autobatterien können wieder aufgeladen werden. Falls dies nicht möglich sein sollte, nimmt der Händler sie zurück.**

Magadi-See, Kenia

Ökologie im Aquarium

Clownfische leben in Symbiose mit Seeanemonen, die sie mit ihren Nesseltentakeln vor Fressfeinden schützen. Woher der hübsche Clownfisch seinen Namen hat, ist nicht schwer zu erraten. Durch den Trickfilm *Findet Nemo* wurden Clownfische über Nacht berühmt und landeten als Schmuggelware in Zoohandlungen. **TIPP: Aquarien sind eine tolle Möglichkeit, ökologische Zusammenhänge kennen zu lernen. Allerdings sind die für Clownfische geeigneten Salzwasseraquarien ausgesprochen teuer und arbeitsintensiv und eigentlich nur für Experten geeignet. Wählen Sie stattdessen Süßwasseraquarien, die ideal sind für den Einstieg in die Aquaristik und keine exotischen Tierarten verbrauchen.**

Clownfisch, Australien

Aerosole, Vulkane und Parkplatzsucher

Die letzte Eruption des Pinatubo ereignete sich im Juni 1991 nach einer 500-jährigen Ruhezeit und war eine der gewaltigsten des 20. Jahrhunderts. Sie bewirkte eine enorme Freisetzung von Aerosolen in die Stratosphäre, also in die Schicht über 15 Kilometer Höhe. Die Luftschicht darunter wird als Tropopause bezeichnet, hier sammeln sich hauptsächlich die für Menschen schädlichen Aerosole wie Ruß, Staub, Gummiabrieb; und diese wiederum stammen hauptsächlich aus dem langsamen Autoverkehr. Oft besteht über ein Drittel des städtischen Verkehrs aus Parkplatzsuchverkehr. **TIPP: Sorgen Sie mit dafür, dass das Leben in der Stadt wieder für die Anwohner lebenswert wird. Durch einen Bus verschwinden auf einmal bis zu 40 Autos aus der Stadt.**

Vulkan Pinatubo nach der Eruption, Philippinen

Heißes Wasser richtig nutzen

Seelöwen auf Galapagos sind an warmes Wasser gewöhnt. Anders als Robben, die in kälteren Regionen leben, benötigen sie keine dicke, schützende Fettschicht. Dank moderner Technik bräuchten viele Menschen diese eigentlich auch nicht mehr. Fließend heißes Wasser ist für viele kein Luxus. Allerdings sollte das Wasser nicht zu heiß sein. Gerade bei kalkhaltigen Gewässern ist bei hohen Temperaturen mit Kalkausfall und entsprechenden Beeinträchtigungen zu rechnen. **TIPP: Lassen Sie Ihren Boiler regelmäßig warten. Je mehr Kalk sich an Heizstäben oder Wärmetauschern ablagert, desto mehr Energie ist nötig, um die gewünschte Wassertemperatur zu erreichen.**

Seelöwe, Galapagos

Gift vom Acker

Als Geschiebe bezeichnet man die Festteilchen wie Kies und Lehm, die in Flüssen mitgeführt werden. Allerdings sind auch andere schädliche Stoffe wie Schwermetalle aus der Industrie und Phosphat aus der Landwirtschaft im Wasser enthalten. **TIPP: Die biologische Landwirtschaft kommt ohne Kunstdünger aus. Dadurch werden auch unsere Gewässer geschützt. Achten Sie beim Kauf auf die anerkannten Herkunftsnachweise aus biologischer Landwirtschaft.**

Fluss, Island

Windige Inseln

Die Äolischen Inseln liegen rund 40 Kilometer vor der Nordküste Siziliens. Ihr Name geht auf den griechischen Gott Aeolus, den König der Winde, zurück, der mit der Göttin der Morgenröte verheiratet war. Heute sind vermehrt auftretende Winde und Stürme vor allem Symptome des Klimawandels. Dieser lässt sich nicht mehr aufhalten, aber deutlich verlangsamen, wenn sich möglichst viele Menschen an einfachen Energiesparmaßnahmen beteiligen. **TIPP: Nutzen Sie Resthitze auf den Herdplatten. Sie können die Kochplatten bereits mehrere Minuten vorm Servieren der Speisen ausschalten.**

Vulcano, Äolische Inseln, Italien

29. Januar

Die Urheimat des Birkenzeisigs

Zwergbirken wachsen in vielen Extremstandorten in Skandinavien, Nordamerika und Mitteleuropa. Sie lieben saure Böden und kommen in Gebirgen und Mooren vor. In einigen Gebieten stellen ihre Knospen und Samen die Hauptnahrung von Vögeln wie Birkhühnern und Birkenzeisigen dar. Im Gegensatz zu den Birkhühnern sind Birkenzeisige flexibel und siedeln inzwischen sogar in den Vorstädten. **TIPP: Um Vögel dauerhaft anzulocken, sollten sie nicht nur im Winter gefüttert werden, sondern auch und vor allem durch die Anlage geeigneter Hecken und Sträucher mit Nahrung und Deckung versorgt werden.**

Zwergbirken, Island

Gebäudepass gegen Treibhauseffekt

NASA-Forschern zufolge nimmt das Grönlandeis durch den Treibhauseffekt jährlich um 50 Kubikkilometer ab. Anders als bei Autos oder Haushaltsgeräten wissen nur die wenigsten von uns über Energieverbrauch in Wohnungen und Häusern Bescheid. Am 4. Januar 2006 wird die Europäische Richtlinie über die Gesamtenergieeffizienz von Gebäuden wirksam. Sie verpflichtet alle Mitgliedstaaten, in ihren Ländern Energiepässe für Gebäude einzuführen. **TIPP: Infos zum Gebäudeenergiepass gibt es im Internet (www.gebaeudeenergiepass.de).**

Eisberg, Grönland

31. Januar

Kaufen Sie langlebige Handys

Die Produktion von Konsumgütern erfolgt heute auf globaler Ebene. Viele Waren sind im Zuge ihrer Herstellung um die ganze Welt gereist, bzw. ihre Teile stammen aus unterschiedlichsten Ländern. Diese Reise ist bedenklich und hinterlässt Spuren – Umweltzerstörung und Verstöße gegen die Menschenrechte sind nicht selten die Folge. Ein Beispiel sind spezielle Erze, die für die Herstellung von Handys benötigt werden. Als Wegwerfprodukte sind sie viel zu schade. **TIPP: Versuchen Sie, Ihr Mobiltelefon unabhängig vom Vertrag länger zu nutzen, und erkundigen Sie sich beim Neukauf nach besonders langlebigen Handys.**

Erg Murzuq, Libyen

Freizeit ohne Müll

Die Wohlstandsgesellschaften produzieren riesige Mengen an Müll. In Europa sind es pro Jahr und Einwohner im Schnitt 500 Kilo. Aber Müll ist nicht gleich Müll. In ihm stecken Wertstoffe, die in den Wirtschaftskreislauf zurückfließen können. Immer mehr Recyclingbetriebe entlasten die Umwelt wesentlich, zusätzlich schaffen sie Arbeitsplätze. TIPP: **Kaufen Sie Getränke in Pfandflaschen (14 Mehrwegflaschen können 700 Einwegtüten für Milch, Saft und Ähnliches ersetzen).**

Wayana-Indianer, Guyana

Vogelzähler gesucht

Vögel sind häufig Indikatoren für intakte Lebensräume. Um ein halbwegs genaues Bild davon zu bekommen, wie viele Vogelarten in Deutschland brüten, wo ihre Lebensräume liegen und wodurch sie besonders gefährdet sind, wird zurzeit an einem besonders ehrgeizigen Projekt gearbeitet, dem Atlas deutscher Brutvogelarten (ADEBAR). Das Werk soll 2010 erscheinen und ist auf die Zusammenarbeit von Wissenschaftlern und Laien angewiesen. **TIPP: Beteiligen Sie sich an den Frühjahrs- und Herbstzählungen. Klicken Sie sich ein bei www.vogelmonitoring.de oder beim Naturschutz Deutschland (www.nabu.de).**

Sperling, Galapagos

3. Februar

Zahnputzbecher für den Planeten

Der Blaue Planet hat seinen Namen vom Wasser. Doch das meiste Wasser steht nicht als Trinkwasser zur Verfügung. Wenn man alles Wasser der Erde in einen Eimer schütten könnte, dann würde der Großteil aus nicht trinkbarem Meerwasser bestehen, die Menge einer Tasse entspräche dem Wasser, das in den Polkappen eingefroren ist. Als Frischwasser zur Verfügung stünde nur ein einziger Teelöffel. 1,2 Milliarden Menschen haben derzeit keinen Zugang zu ausreichend Trinkwasser. Der durchschnittliche Wasserverbrauch eines Europäers liegt bei 130 Litern pro Tag. **TIPP: Nutzen Sie beim Zähneputzen wieder den guten alten Zahnputzbecher. Wer während der Zahnpflege das Wasser laufen lässt, verbraucht 15 Liter ungenutzt. Diese Menge entspricht dem Wasserverbrauch eines Kenianers pro Tag.**

Fluss, Island

Baumparadiese in der Stadt

Der Köcherbaum gehört zu den Aloen. Für Aufsehen sorgte im Sommer 1712 im Schlosspark Köpenick eine Aloe, die eine Höhe von knapp zehn Metern erreichte. Sie hatte 44 Äste und 7277 Blüten. Die Aloe ging als *Wunderaloe* in die Geschichte des Schlossparks ein. Die Wunderaloe gibt es heute nicht mehr, doch mit seinen alten schattigen Bäumen, darunter eine über 350 Jahre alte Flatterulme sowie Schwarznuss- und Tulpenbäume, ein Ginko- und ein Mammutbaum sowie Magnolien, und den vielen Rhododendronbüschen wurde der Schlosspark von Köpenick 2004 wiedereröffnet.

TIPP: Viele Stadtparks verfügen über alte und wertvolle Baumbestände. Viele höhlenbrütende Arten wie Kleiber, Spechte und Käuze lassen sich dort zurzeit wegen der mangelnden Belaubung besonders gut beobachten. Unterstützen Sie die Stadtparks durch Ihren Besuch.

Köcherbäume, Namibia

Müllgebirge

Berge gelten als Inseln der Wildnis in der Zivilisation. Doch besonders die höchsten unter ihnen tragen deutliche Spuren der Übernutzung. Eine Säuberungsaktion am Mount Everest förderte 30 Tonnen Müll zu Tage. Bei einer ähnlichen Aktion am Montblanc wurden 10 Tonnen Abfall zu Tal geschafft.

TIPP: Packen Sie bei Bergwanderungen Plastikbeutel in den Rucksack. Auf diese Weise können Sie nicht nur Ihren Müll, sondern gegebenenfalls auch den von anderen Touristen mit ins Tal nehmen.

Cerro Torre, Argentinien

Relativer Wasserverbrauch

In Ostdeutschland ist der Wasserverbrauch seit den 1990er Jahren besonders dramatisch gesunken. Das Zusammentreffen von Faktoren (schlagartige Verfügbarkeit wassersparender Technologien, zunehmendes Umweltbewusstsein, drastischer Geburtenrückgang bei gleichzeitiger Abwanderung großer Bevölkerungsteile) führte dazu, dass zwischen 1990 und 2004 der tägliche Wasserverbrauch um ein Drittel gesunken ist. Für die Trinkwasserversorgung ist diese Entwicklung problematisch, denn mit geringerer Fließgeschwindigkeit steigt die Verweildauer des Wassers in der Leitung, was die Qualität massiv beeinträchtigt: Das in den Leitungen stockende Wasser führt zu verstärkter Korrosion der Leitungen, wodurch sich das Wasser mit Schadstoffen wie Kupfer, Eisen oder Blei anreichert. **TIPP: Wer in den neuen Bundesländern lebt, sollte sich erkundigen, ob Maßnahmen zum Einsparen von Wasser überhaupt sinnvoll sind.**

Inlandeis, Grönland

7. Februar

Müllprofis lernen nie aus

Dass Deutschland von einem Land der Dichter und Denker zu einem Land der Mülltrenner wurde, ist schon längst Thema von Kabarettisten. Dennoch – auch Mülltrennprofis können dazulernen. Wussten Sie, dass Verschlüsse nicht abgeschraubt werden müssen, wenn Sie Flaschen und Gläser in den dafür vorgesehenen Containern entsorgen? **TIPP: Unter Umständen macht sich das Mülltrennen sogar bezahlt. Erkundigen Sie sich in Ihrer Gemeinde, ob es bei sparsamerem Verbrauch kleinere und billigere Restmüllcontainer gibt. In manchen Kommunen kann dies immerhin eine Ersparnis von 120 Euro pro Jahr bedeuten.**

Im Eis gefrorene Luftblasen in Kanada

Hamstern Sie Regenwasser

Meteorologen sagen voraus, dass wir aufgrund des Treibhauseffektes jetzt öfter mit heißen und trockenen Sommern zu rechnen haben werden. Regenwasser ist plötzlich eine wertvolle Ressource geworden. Sorgen Sie also in nassen Zeiten dafür, dass genügend Behältnisse für Regenwasser bereitstehen. So bekommen Sie die Bewässerung zum Nulltarif, außerdem sind die im Regenwasser gelösten Minerale für Pflanzen besonders gut. **TIPP: Fragen Sie in Baumärkten nach Sammelbehältern für Regenwasser und Zisternen.**

Dünen im Gebiet von Sossusvlei, Namibia

Reisen – elektronisch vorbereiten und elektronisch ersetzen

Erta Ale – so heißt ein Vulkan in Äthiopien, der sogar eine eigene Homepage (www.erta-ale.org) besitzt. Auch unter www.vulkane.net kommen Vulkanfans auf ihre Kosten. Wer sich nicht mit virtuellen Eruptionswolken, Feuerfontänen und Lavaflüssen begnügen möchte, für den gibt es die Möglichkeit, sich an speziellen Vulkanerlebnisreisen zu beteiligen! Klicken Sie sich ein bei Vulkan Expeditionen International (www.v-e-e.de). **TIPP:** **Fernreisen im Urlaub können durchs Internet nicht ersetzt werden. Allerdings lässt sich sicher die eine oder andere Geschäftsreise einsparen, wenn neben den Möglichkeiten von E-Mail auch die von Telefon- und Videokonferenzen besser genutzt würden.**

Erta-Ale-Vulkan, Äthiopien

10. Februar

Kleidung lüften, Atmosphäre schützen

Schätzungen zufolge geht in Deutschland fast die Hälfte des Energieverbrauchs auf das Konto der Privathaushalte. Überprüfen Sie Ihre täglichen Gewohnheiten. **TIPP: Vermeiden Sie häufiges Wäschewaschen durch gutes Füllen der Waschmaschinentrommel. Eine Handbreit sollte Raum bleiben, um die Waschmaschine nicht zu strapazieren. Lüften Sie Ihre Kleidung auch einmal, anstatt sie gleich in die Schmutzwäsche zu geben.**

Korallen (Detail), Thailand

11. Februar

Lehrlauf heizt die Atmosphäre auf

Kohlendioxid (CO_2) ist ein farbloses, geruchloses und ungiftiges Gas und ein natürlicher Bestandteil der uns umgebenden Luft. Wenngleich es die Gesundheit nicht direkt schädigt, so trägt es doch als Treibhausgas entscheidend zur Erderwärmung bei. Die wichtigsten Quellen für CO_2 sind die Verbrennung fossiler Brennstoffe sowie die großflächige Zerstörung von Wäldern. Seit Beginn der Industrialisierung ist der CO_2-Gehalt weltweit um rund ein Drittel gestiegen, seit 1975 und 2000 sogar um fast 40 Prozent. **TIPP: Wenn Sie Ihr Auto starten, ist es auch im Winter nicht nötig, den Motor im Leerlauf warmlaufen zu lassen. Fahren Sie einfach bei jeder Fahrt die ersten paar Kilometer besonders schonend. So vermeiden Sie unnützen Benzinverbrauch und Luftverschmutzung.**

Lavaklippen, Hawaii

Wilde Müllkippen

Eine alte Matratze im Wald ist zunächst nur ein ästhetisches Ärgernis. Dem Wald, der Umwelt oder der Ökologie schadet die Matratze objektiv nicht. Doch aus kleinen Müllkippen werden schnell große. Zur Matratze gesellen sich ein Kühlschrank, dann ein Farbeimer und ein ausgedienter Herd.

TIPP: Melden Sie jede wilde Müllkippe bei Ihrer Stadtverwaltung.

Merapi-Vulkan, Indonesien

Schaufenster der Evolution

Die Galapagosinseln gelten als Schaufenster der Evolution. Charles Darwin, der Begründer der modernen Evolutionstheorie, erhielt bei seinem Besuch auf dem Archipel 1831 viele Anregungen für seine Forschungen zur Entstehungsgeschichte der Arten. Heute sind weite Teile von Galapagos für den Tourismus erschlossen, es gibt aufregende Führungen der Ranger im Nationalpark und viele Bildungseinrichtungen, um Evolution »live« zu erleben. **TIPP: Besuchen Sie doch einmal ein Naturkundemuseum in Ihrer Nähe. Die Entstehung der Arten, die Bedeutung der Artenvielfalt lässt sich nicht nur auf Galapagos erleben. Viele Naturkundemuseen sind auf dem neuesten Stand der Museumsdidaktik und können spannende und lehrreiche Reisen durch die Evolution anbieten.**

Inseln, Galapagos

14. Februar

Bei Blumen ist Geiz nicht geil

Valentinstag, so heißt es, sei eine Erfindung des Blumenhandels. Ein Grund, an diesem Tag auf die schöne Geste des Blumenschenkens zu verzichten, ist das sicher nicht. Bedenken Sie allerdings, dass oft die billigsten in Supermärkten angebotenen Blumen von besonders weit her kommen. Häufig wurden sie mit ausbeuterischen Methoden, bei immensem Wasserverbrauch und unter Zuhilfenahme von viel Chemie gezüchtet. **TIPP: Schenken Sie zum Valentinstag Topfpflanzen, oder kaufen Sie den Strauß beim Blumenhändler um die Ecke, wo die Schnittblumen in der Regel aus regionalen Gärtnereien und nicht aus Plantagen kommen.**

Tulpe, Frankreich

Relative »Überbevölkerung«

Während hierzulande die Geburtenrate rückläufig ist, herrscht in vielen armen Ländern ein ungebremstes Bevölkerungswachstum. Dadurch wird sicherlich Raubbau an den Ressourcen Vorschub geleistet. Aber ein Anlass, von »Überbevölkerung« zu sprechen, sollte dies nicht sein! Denn sonst müsste man sagen, in welchen Ländern welcher Teil der Bevölkerung »zu viel« ist. Wir sollten uns klar machen, dass es nicht »zu viele« Menschen gibt, sondern nur einen schlechten Umgang mit den Ressourcen. **TIPP: Protestieren Sie gegen den menschenverachtenden und tendenziell rassistischen Ausdruck »Überbevölkerung«. Suchen Sie gemeinsam mit Freunden nach Antworten auf die Frage, was Nachhaltigkeit ist und wie Sie gerade in einer globalisierten Welt durch Kauf bestimmter Produkte einen nachhaltigen Umgang mit den Ressourcen fördern können.**

Koralleninsel, Australien

16. Februar

Benzinverbrauch beim Frühstück senken

Blicken Sie auf dem Frühstückstisch um sich: Woher kommen die Eier, das Müsli und der Joghurt? Sie werden staunen, wie viele Kilometer zusammenkommen. Und je weiter ein Produkt bzw. seine Inhaltsstoffe transportiert werden, desto mehr Treibhausgase wurden hierzu verbraucht. **TIPP: Oft reicht schon ein Blick auf das Etikett und die Postleitzahl des Herstellers, und Sie wissen, welche Reise Ihr Müsli hinter sich hat.**

Dünen, Mauretanien

17. Februar

Natürliche Dämmstoffe

Auch wenn Sie kein Auto fahren, ist Ihre persönliche CO_2-Bilanz vermutlich alles andere als perfekt. Etwa ein Viertel der Kohlendioxidemissionen wird allein durch das Wohnen verursacht, also durch elektrisches Licht, Strom, Heizung, Heißwasser. Eine durchschnittliche Wohnung emittiert sechs Tonnen Kohlendioxid pro Jahr, mehr als ein durchschnittliches Auto. **TIPP: Durch richtige Dämmstoffe reduzieren Sie die CO_2-Emissionen Ihrer Wohnung um 20 Prozent. Denken Sie daran, dass es Naturdämmstoffe gibt und künstliche (mineralische) Dämmstoffe.**

Eisberg, Grönland

Mehr als Bäume retten

Durch Papierrecycling werden nicht nur Bäume geschützt. Eine Tonne recyceltes Papier bewahrt durchschnittlich nicht nur 17 Bäume vor der Motorsäge, sondern spart auch 25 000 Liter Wasser sowie das Energieäquivalent zu 1500 Liter Öl. Altpapier zu trennen, ist allerdings nicht genug. Sie müssen Altpapierprodukte auch gebrauchen. In Deutschland wird zurzeit mehr Altpapier gesammelt als in die Papierproduktion zurückfließt. Ein Teil des Altpapiers muss sogar verbrannt werden. In manchen Bereichen ist die Akzeptanz von Produkten mit Altpapieranteil gering. **TIPP: Schon der Blick in das Vorratsfach des Fotokopierers in Ihrem Büro kann zeigen, ob die Verwendung von Altpapier ein Thema ist oder nicht. Regen Sie die Verwendung von Produkten aus Altpapier beim Betriebsrat und bei der Einkaufsabteilung an.**

Akazie, Mali

Weitgereiste Beeren

Cranberries sind die amerikanische Variante der Preiselbeeren und schmecken erst dann besonders gut, wenn sie Eis und Schnee ausgesetzt waren. Daher ist jetzt die optimale Zeit für die Ernte. Marmeladen, Gelees, aber auch Säften aus Cranberries werden zahlreiche positive Wirkungen auf die Gesundheit (Harnwege, Magen, Herz) zugeschrieben. **TIPP: Cranberries müssen meistens aus den USA importiert werden. Um in den Genuss der bekömmlichen Wirkung zu kommen, sind Säfte ergiebiger und belasten beim Transport die Umwelt weniger. Fragen Sie im Reformhaus nach alternativen Produkten.**

Cranberry-Farm, USA

20. Februar

Vogelbeobachten für Beifahrer

Eine Autofahrt kann so interessant sein wie ein Zoobesuch. Als Beifahrer sollten Sie auf auffliegende Greifvögel achten (zumeist Mäusebussarde), die oft am Straßenrand nach totgefahrenen Wildtieren suchen. Häufig können auch Graureiher und sogar Kraniche auf den Feldern beobachtet werden. Im Winterhalbjahr sieht man große Rehrudel. Das geschärfte Bewusstsein für die Fauna unserer Umgebung ist eine wichtige Voraussetzung für ein geschärftes allgemeines Umweltbewusstsein. **TIPP: Machen Sie die anderen Passagiere im Auto dezent auf die interessante Tierwelt unserer Heimat aufmerksam (ohne den Fahrer abzulenken). Bitten Sie den Fahrzeuglenker ggf. sogar anzuhalten. Steigen Sie aber nicht aus, dadurch werden die Tiere mit Sicherheit verscheucht.**

Kaimane und Reiher, Venezuela

Philosophieren beim Vollbad

Was Wasser betrifft, so ist Deutschland ein gesegnetes Land. Der Hauptgrund, Wasser zu sparen, sind die Kosten und der Energieverbrauch bei der Heißwassernutzung. Lassen Sie sich auch ein gelegentliches Vollbad nicht als »unökologisch« vermiesen. Wer gerne badet, so zeigen Umfragen, gilt als ein aufgeschlossener Zeitgenosse. **TIPP: In den meisten Haushalten befindet sich der Duschkopf über der Badewanne. Testen Sie doch einfach bei Ihrer nächsten Dusche und bei geschlossenem Badewannenverschluss, wie viel Heißwasser Sie während Ihrer Dusche verbrauchen. Rechnen Sie einmal nach, wie oft Sie duschen müssten, um das Äquivalent eines Vollbads zu verbrauchen. Das Resultat zeigt Ihnen, auf wie viele Duschen Sie pro Woche oder Monat verzichten müssten, um sich ein gemütlich-philosophisches Vollbad zu gönnen.**

Inselchen, Island

22. Februar

Medikament für die Armen

Weil ihnen die richtigen Medikamente fehlen, sterben in Entwicklungsländern jeden Tag 30 000 Menschen. Hilfsorganisationen versuchen, diesen Mangel unter anderem durch gebrauchte, aber noch nicht abgelaufene Medikamente zu beheben. Mehrere hundert Tonnen können pro Jahr auf diese Weise für Bedürftige gesammelt werden. **TIPP: Auch Arzneimittel haben ein Verfallsdatum. Nicht mehr benötigte Tabletten werden meistens bei den Apotheken zurückgenommen und können wiederverwertet werden. Abgelaufene Arzneimittel gehören nicht in den Restmüll. In Ihrer Apotheke oder bei Problemmüllsammlungen (Schadstoffmobil) können Sie Ihre Tabletten und Salben loswerden.**

Bakterien, Kamtschatka, Russland

Trockene Lebensräume am Fensterbrett

Trockene Lebensräume sind alles andere als lebensfeindlich. Im Gegenteil, Trockenbiotope zeichnen sich manchmal durch eine besondere Lebensfülle aus. Der Grund für die Vielfalt ist paradoxerweise der Mangel. Die Strategie der Pflanzen in diesen Mangellebensräumen heißt: Fort-Pflanzung, und zwar im Sinne von Nichts-wie-weg-hier! Mit möglichst bunten Farben und vielfältigen Formen buhlen die Blüten um das Interesse von Insekten, die ihre Pollen weit weg zu ergiebigen Standorten tragen sollen. **TIPP: Hauspflanzen sind gut geeignet, um sich mit dem kleinen Einmaleins der Ökologie vertraut zu machen. Falls Ihre Topfpflanzen am Fensterbrett üppig wachsen, aber nicht blühen, versuchen Sie folgenden Trick: Gießen Sie einfach nicht mehr regelmäßig, und beobachten Sie Ihre Pflanze genau. Anstatt zu vertrocknen, fangen manche Pflanzen nämlich auf einmal an zu blühen.**

Weiße Wüste, Ägypten

Beeren für Vögel

Als Tundra (es gibt arktische und alpine Formen) werden die baumlosen Gegenden im Dauerfrostbereich bezeichnet. Dass in diesen ungastlichen Regionen Tiere leben können wie das berühmte Moorschneehuhn, liegt an dem reichlich verfügbaren Beerenobst. Wie wichtig diese Beeren sind, wird auch in unseren Gegenden bei einem spätwinterlichen Spaziergang deutlich. Vogelbeeren, Hagebutten und viele andere Früchte hängen über Monate an Bäumen und Büschen und ziehen Vögel magisch an: Amseln, Misteldrosseln, Dompfaff sind einige von vielen, die man jetzt an den Beeren beobachten kann. Übrigens sieht man sie auch wesentlich leichter als im Sommer, wenn die Laubschicht den Blick auf die gefiederten Sänger häufig versperrt. **TIPP: Winterspaziergänge eignen sich optimal für einen Grundkurs in Vogelkunde. Nehmen Sie Ihr Fernglas mit auf den Spaziergang, und halten Sie Ausschau nach roten Beeren. Die Vögel werden garantiert nicht lange auf sich warten lassen.**

Tundra, Russland

Metaraubtiere

Die Anakonda gehört zu den Metakarnivoren, also zu den Überraubtieren, die sich auch von anderen Raubtieren ernähren. Neben Pflanzenfressern landen auch Raubkatzen im dehnbaren, meterlangen Schlund der Schlange. Metakarnivoren gibt es auch bei uns in Mitteleuropa. Steinadler in den Alpen, die Füchsen zu einem unfreiwilligen Alpenrundflug verhelfen, erstaunen keinen Zoologen mehr. Als aber vor zwei Jahren dasselbe Schicksal einen jungen Braunbären in den Südtiroler Bergen ereilte, hatte man dort wochenlang Gesprächsstoff. **TIPP: Zusammenhänge in der Natur sind nicht immer einfach zu verstehen. Das Urteil »Schädling« oder »Nützling« ist immer relativ. Greifen Sie nicht gleich zur Giftspritze, um Gartenschädlinge zu bekämpfen.**

Anakonda, Venezuela

Natur und Kultur

Anders als viele Inseln, die vulkanischen Ursprungs und mehr oder weniger plötzlich entstanden sind, besteht Deutschland größtenteils aus Sedimentgestein. Einer, der sich hierfür besonders interessierte, war Johann Wolfgang von Goethe, der an keinem Bergwerk oder Steinbruch vorbeigehen konnte, ohne eine Probe zu entnehmen. Im Lauf seines langen Lebens sammelte Goethe die phantastische Menge von etwa 18 000 Mineralien und Gesteinen, die er in seinem Gartenhaus am Weimarer Frauenplan sortierte. **TIPP: Bekanntes und viel Unbekanntes über den Dichterfürsten und Naturforscher erfährt man im Weimarer Goethe-Nationalmuseum. Genau genommen besteht das Nationalmuseum aus 22 historischen Häusern und dem Museum im Weimarer Stadtgebiet.**

Vulkankegel, Island

Entsorgung bei Neukauf

Wie man es macht, ist es falsch. Noch im 19. Jahrhundert wurden sehr viele Gebrauchsgüter wie Putz und Beleuchtungsmittel, aber auch Bekleidungsteile aus Walen gewonnen. Die Folge ist bekannt. Viele Walarten wurden nah an den Rand ihrer Ausrottung gebracht. Inzwischen gibt es für sämtliche gleich- oder höherwertigen Walprodukte Ersatzmaterialien. Doch die sind oft nicht minder problematisch. Nicht nur das Entsorgen, auch die Herstellung dieser Materialien ist mit vielen neuen Problemen verbunden. **TIPP: Für viele Materialien und Geräte ist die Rücknahme und Entsorgung inzwischen per Verordnung geregelt. Fragen Sie in Ihrer Gemeinde, wenn Sie etwas abgeben möchten, dessen Entsorgung Ihnen problematisch erscheint.**

Buckelwale, Polynesien

So viel Zeit muss sein

Ob Wasserkraft, Windenergie, Solarstrom, Geothermie oder Biomassekraftwerke – erneuerbare Energien sind nicht unendlich verfügbar. Immerhin: Wenn alles klappt, wird im Jahr 2010 in Deutschland der Anteil an erneuerbaren Energieträgern 12,5 Prozent betragen. Freilich sind erneuerbare Energien nicht unproblematisch. Flächenverbrauch, Eingriffe ins Landschaftsbild und in die Fließgewässerökologie sind keine geringen Opfer, Stromsparen wird auch in Zukunft die wichtigste Aufgabe bleiben. **TIPP: In unserer etwas schnelllebigen Zeit gibt es nicht wenige, für die der Mikrowellenherd ein geniales Zeitspargerät ist. Nutzen Sie es jedoch nicht zum Auftauen von Tiefkühlprodukten, das kostet viel Energie. Nehmen Sie Tiefkühlspeisen rechtzeitig aus dem Gefrierfach; die Zubereitung ist dann wesentlich energiesparender.**

Erg, Mauretanien

1. März

Ökobilanz des Fünfuhrtees

Eine Studie in Großbritannien zeigt, dass die meisten Teetrinker des Landes oft zu viel Wasser kochen und dass der dabei unnötig verbrauchte Strom ausreichen würde, um ganz England einen Tag lang mit Straßenbeleuchtung zu versorgen. **TIPP: Egal, ob Sie einen Kochtopf, Teekessel oder Heißwasserkocher benutzen, füllen Sie nur so viel Wasser hinein, wie Sie für Ihr Heißgetränk brauchen.**

Assal-See, Dschibuti

Fisch aus biologischer Zucht

Wer gerne Fisch isst, beteiligt sich an der Plünderung der Weltmeere, an unterseeischer Lebensraumzerstörung durch Schleppnetze sowie dem Verlust seltener Arten als Beifang. Aquakulturen (Fischfarmen) sind allerdings keine Alternative. Denn meistens kommen Fischzuchtanlagen wie alle Intensivhaltungen weder ohne Chemie noch ohne Antibiotika aus. Herkunft und Herstellung des Fischfutters entsprechen nur selten den Kriterien ökologischen Landbaus. **TIPP: Erkundigen Sie sich nach Fisch aus biologischer Zucht. Obwohl es weder EU- noch deutschlandweit verbindliche Standards gibt, haben Anbauverbände wie »Naturland« und »Bioland« in Deutschland, »Ernte« in Österreich und die »Soil Association« Richtlinien zur Biofischzucht erarbeitet. Suchen Sie beim Fischkauf nach den Signets dieser Organisationen.**

Skorpionfisch, Australien

Frühe Frühblüher

»Vom Eise befreit sind Strom und Bäche durch des Frühlings holden belebenden Blick; im Tale grünet Hoffnungsglück«, so beginnt der berühmte Frühlingsspaziergang in Goethes *Faust*. Auch wenn durch die beginnende Klimaveränderung der Winter nicht mehr das ist, was er einmal war, so wird der Frühling dennoch von Menschen, Tieren und Pflanzen als eine lang herbeigesehnte Zäsur empfunden. **TIPP: Besorgen Sie sich ein Pflanzenbestimmungsbuch, und achten Sie jetzt verstärkt auf die Frühblüher wie Schneeglöckchen, Winterling, Huflattich und Pestwurz. Manche Arten blühen inzwischen eine Woche früher als in den Bestimmungsbüchern angegeben. Machen Sie Ihre Bekannten auf die Zusammenhänge zwischen Frühblühern und Klimaerwärmung aufmerksam.**

Laguna Colorada, Bolivien

Altöl als Ressource

Kleinvieh macht auch Mist. Wer den Ölwechsel selbst vornimmt, kann über die Jahre viel Geld sparen. Allerdings gehört Altöl nicht in den Restmüll. Es enthält diverse toxische Schwermetalle wie Cadmium, Nickel und Blei. Ein Liter Öl reicht aus, um 100 000 Liter Wasser zu verseuchen. Neben der Umweltverschmutzung bedeutet dies auch Verschwendung einer wertvollen Ressource. Beim Recyceln des Altöls kann ca. ein Drittel zur Herstellung neuer Schmierstoffe verwendet werden. Zwei Drittel können als Treibstoff bei der Herstellung von Zement und Straßenbelag verwendet werden. **TIPP: Die Rücknahme von Altöl bei Ihrem Händler und Ihrer Tankstelle ist Pflicht. Sie können das Altöl auch bei den zugelassenen Entsorgungsfirmen als Sonderabfall oder beim Schadstoffmobil zurückgeben.**

Vulkansee, Kamtschatka, Russland

Brennholz aus nachhaltiger Produktion

Weltweit werden 80 Prozent des Energiebedarfs durch fossile Energieträger erzeugt, also durch Erdöl, Erdgas und Kohle. Angesichts steigender Preise für Öl und Gas ist das Heizen mit Holzpellets eine günstige Alternative. Pellets gelten im Gegensatz zu fossilen Energieträgern als CO_2-neutral. Das heißt, dass bei der Verbrennung der Pellets immer nur dieselbe Menge an Kohlendioxid (CO_2) freigesetzt wird, die der Baum zuvor beim Wachsen aufgenommen hat (geschlossener Kohlenstoffkreislauf). Bei der Verbrennung von fossilen Energieträgern wird dagegen Kohlendioxid freigesetzt, das seit Millionen von Jahren gespeichert ist. **TIPP: Erkundigen Sie sich nach Holzprimärheizungen. Holz ist ein Rohstoff, dessen Gewinnung in Deutschland deutlich innerhalb der Nachhaltigkeitsgrenzen erfolgt: Derzeit werden bei uns jährlich etwa 40 Millionen Kubikmeter Holz geschlagen, gleichzeitig wachsen aber in derselben Zeit 60 Millionen Festmeter nach.**

Kilauea-Vulkan, Hawaii

6. März

Sparen mit Leihautos

Frühjahrswanderungen in den Alpen – zumal über Gletscher – werden immer gefährlicher, da die Gletscherspalten breiter und die Schneebrücken dünner geworden sind. Auch wenn der Treibhauseffekt längst eingesetzt hat, so sind Wissenschaftler überzeugt davon, dass sich das Fortschreiten der Klimaerwärmung verlangsamen lässt. Einer der Hauptklimakiller ist und bleibt das Auto. Ein Nachdenken über den sinnvollen Einsatz ist auch angesichts der hohen Anschaffungs- und Betriebskosten empfehlenswert. **TIPP: Machen Sie einen Kassensturz. Wie viel kostet Ihr Auto pro Jahr, und zu welchen Fahrten brauchen Sie es wirklich? Falls Sie Ihren Wagen nur gelegentlich an Wochenenden und zu Dienstfahrten benötigen, lohnt es sich vielleicht, Mitglied in einem Car-Sharing-Verein zu werden, die es inzwischen in den meisten Großstädten Deutschlands gibt.**

Gletscherkorridor, USA

Recyceln im Büro

In Europa, Japan und Nordamerika leben zwar nur 20 Prozent der Weltbevölkerung, aber dieser Teil der Menschheit verbraucht fast 70 Prozent der Weltproduktion an Papier und Pappe. Ähnliches lässt sich in zunehmendem Maße auch für moderne Verpackungs- und Büromaterialien sagen. Gerade im Bürobereich herrscht häufig eine Ex-und-hopp-Mentalität, obwohl sich besonders hier vieles wiederverwerten lässt. **TIPP: Umschläge, Mappen und Ordner mehr als einmal benutzen. Einseitig benutztes Papier kann geviertelt und als Notizzettel wiederverwendet werden. Auch der Verbrauch von CDs kann deutlich eingeschränkt werden, wenn Sie wiederbeschreibbare CDs verwenden.**

Erg Mehedjibat, Algerien

Jets und Umweltschutz

Bei einem Flug von 6500 Kilometern über den Atlantik verbraucht ein Jumbojet etwa 73 000 Liter Kerosin. Bei ca. 550 Passagieren, die in einen Flieger passen, wären das »nur« 140 Liter je Passagier. Umgerechnet auf 100 Kilometer, ergibt das einen Verbrauch von etwa 2,2 Litern pro Passagier. Ein Flugzeug ist also auf weiten Strecken theoretisch umweltfreundlicher als ein Auto. Allerdings sollten Sie auch bedenken, dass die Jets in dem sensibelsten Bereich der Atmosphäre unterwegs sind, in denen ihre Abgase besonders großen Schaden anrichten. Jeder Liter Sprit, der in Jetturbinen verbrennt, belastet das Klima ungefähr zwei- bis viermal so stark wie ein Liter Autokraftstoff. **TIPP: Erkundigen Sie sich nach Mitflugzentralen. Hobbypiloten müssen nämlich eine gewisse Anzahl von Flugstunden nachweisen, um ihre Fluglizenz behalten zu können. Und: Billigflüge sind wie Autofahrten auf Kurzstrecken sehr bedenklich. Wenn Sie genug Zeit haben, sind für kurze Strecken im Inland Bahnfahrten immer eine deutlich bessere Alternative, auch wenn sie etwas mehr kosten.**

Wolkenmeer, Indonesien

Lektion Aralsee

Der Aralsee an der Grenze zwischen Usbekistan und Kasachstan war einmal der viertgrößte Binnensee der Erde. Der See, der einst über reiche Fischgründe verfügte, steht heute für eines der größten ökologischen Desaster auf dem Globus. Seit 1960 ist sein Wasserspiegel kontinuierlich gesunken. Er liegt heute 14 Meter unter seinem einstigen Niveau. Die Fläche des Sees ist um 40 Prozent zurückgegangen, sein Volumen um 75 Prozent. Der Grund für diese radikalen Veränderungen waren bestimmte Anbaumethoden von Baumwolle, deren hoher Wasserbedarf die Zuflüsse des Aralsees belastet. **TIPP: Dank computergesteuerter Bewässerungssysteme lässt sich Baumwolle heute so produzieren, dass die Ressourcen geschont werden. Fragen Sie nach Biobaumwolle oder »Organic Cotton«.**

Saurer See, Kamtschatka, Russland

Lüften gegen Hausstaub

Selbst in sehr gepflegten Haushalten sammelt sich Hausstaub an. Und dieser Staub ist ein gutes Biotop für so manches Getier. Für unsere Augen unsichtbar leben darin Hausstaubmilben. Neben Milben finden sich im Hausstaub kleinste Schimmelpilze. Die Pilze bereiten für die Milben die Nahrung vor, indem sie die Hautschuppen des Menschen vorverdauen. Die dadurch entstehende halbflüssige Masse dient wiederum den Milben als Nahrung. Jeden Tag verliert ein erwachsener Mensch ca. 1,5 Gramm Hautschuppen, die als Nahrungsquelle für ungefähr eine Million Milben dienen können. Rund 4,5 Millionen Menschen leiden in Deutschland an der Hausstaubmilbenallergie.

TIPP: Lüften Sie Ihre Wohnung, insbesondere Ihr Schlafzimmer, regelmäßig. Im Winter sorgt die Belüftung auch für einen gleichmäßigen Temperaturaustausch in der ganzen Wohnung.

Denali-Massiv, Alaska

Kluger Kleiderkauf

Die Kleidung ist unsere zweite Haut. Mit ihr schmücken wir uns nicht nur bei feierlichen Anlässen, sie schützt uns auch vor der Unbill der Witterung, in ihr möchten wir uns wohl fühlen. Nur selten machen wir uns freilich Gedanken über die Herkunft. Welche sozialen und ökologischen Folgen hatte die Produktion des Stoffs? Wurden Chemikalien eingesetzt? Auch wenn es mittlerweile besonders pflegeleichte und atmungsaktive Winterbekleidung gibt, die zum Teil aus recycelten Kunststoffen hergestellt wurde, gibt es wenige Funktionen, die nicht auch von Kleidung aus unbehandelten Naturfasern erfüllt werden könnten. **TIPP: Fragen Sie nach Naturtextilien wie Leinen, Seide, Wolle und Baumwolle aus kontrolliertem biologischen Anbau. Vielleicht gibt es ja auch Pelze (z. B. Fuchs) oder Leder, dessen Herkunftsbilanz wesentlich unbedenklicher ist als so mancher Faserpelz oder so manche Thermofleece-Weste.**

Eisberg, Grönland

Verantwortungsvoll putzen

Hochgebirge sind für Menschen erschlossen. In der kleinsten Berghütte gibt es oft schon fließend warmes Wasser und moderne Toiletten. Weil es meist nur Hauskläranlagen mit begrenzter Kapazität gibt, achtet ein verantwortungsvoller Hüttenwirt stets darauf, dass Spül- und Reinigungsmittel unbedenklich und biologisch abbaubar sind. Im Tal und in der Stadt gilt dasselbe, nur in einem ungleich größeren Maßstab. Alles, was in den Abfluss gelangt, muss in die Kläranlage, und die toxischen und gefährlichen Bestandteile landen im Klärschlamm. **TIPP: Achten Sie bei der Wahl der Reinigungsmittel auf Produkte, die leicht abbaubar und nicht toxisch sind.**

Cerro Torre, Argentinien

Krötenwanderung

Die Meerechse wie die kleine Landeidechse auf ihrem Kopf gehören zu den wechselwarmen Tieren. Anders als in den Tropen machen wechselwarme Tiere bei uns im Winter eine lange Phase der Inaktivität durch. Frösche und Kröten etwa überwintern im Schlamm der Gewässer oder unter dem Laub bei erheblich gedrosseltem Stoffwechsel. Sobald im Frühjahr die Temperaturen steigen, beginnen sie ihre Wanderungen vom Winterquartier zu den Laichgründen. Jetzt, in den ersten Märzwochen, wandern Frühlaicher wie Erdkröten, Gras- und Springfrösche sowie Kammmolche, Berg- und Teichmolche. **TIPP:** **Wenn Sie im ländlichen Raum auf Kleinstraßen unterwegs sind, fahren Sie vorsichtig. Vergessen Sie nicht, Taschenlampe und Bestimmungsbuch mitzuführen. Wenn Sie anhalten, um dem einen oder anderen Tierchen über die Straße zu helfen, können Sie es gleichzeitig bestimmen. Dabei unbedingt auf den nachfolgenden Verkehr achten!**

Meerechse, Argentinien

14. März

Schneckenschutz

Die nebenstehende Nacktschnecke gehört zu den Meerschnecken und ist, egal, ob beim Tauchgang oder im Zooaquarium, besonders hübsch anzusehen. Weniger Freude lösen dagegen die ebenfalls als Nacktschnecken bezeichneten Wegschnecken aus. Wer Kräuter, Salat, Tomaten oder Zucchini anpflanzen will, muss vor Nacktschnecken auf der Hut sein. Die meisten Hausmittel, die es gegen die Tiere gibt, sind entweder hochgiftig (Schneckenkorn) oder brutal (Zerschneiden oder Verbrühen).

TIPP: Es gibt andere Möglichkeiten, Schnecken zu vertreiben, z. B. indem Sie rund um Beet oder Balkonkasten und knapp über der Erde einen Kupferdraht spannen. Nacktschnecken meiden den Kupfer, weil es auf ihrem Körper sofort oxidiert und dies toxisch für die Tiere ist.

Nacktschnecke, Australien

Verzichten Sie auf Umverpackungen

Umverpackungen sind zusätzliche Verpackungen, die in erster Linie der Werbung dienen und nicht wegen der Hygiene, Haltbarkeit oder des Schutzes der Ware erforderlich sind. Mit anderen Worten: Umverpackungen sind unnötiger Müll, den es zu vermeiden gilt. Seit 1. April 1992 können Umverpackungen gleich im Laden in die dafür vorgesehenen Behälter geworfen werden. Besser noch, Sie wählen gleich Waren ohne Umverpackung. **TIPP: Vermeiden Sie Waren mit extensiver zusätzlicher Verpackung. Besonders bei Süßigkeiten sowie Spirituosen dienen Umverpackungen meist nur dazu, die Aufmerksamkeit der Käufer zu gewinnen.**

Weiße Wüste, Ägypten

Natur- und Umweltschutz durch Beteiligung

Seit Jahrzehnten wirken Umweltverbände in Deutschland an Planungs- und Genehmigungsentscheidungen von Behörden mit. Im Rahmen der »Stellungnahmenarbeit« bringen sie ihr umfangreiches Fachwissen ein, um Naturschutzbelangen Gehör zu verschaffen und den Vollzug der Umweltgesetzgebung zu unterstützen. Wer sich einer Umwelt- und Naturschutzorganisation anschließt, trägt durch den meist sehr bescheidenen Mitgliedsbeitrag zur Verhinderung von großen Umweltsünden bei. **TIPP: Beschränken Sie Ihr Umweltengagement nicht alleine auf die Überweisung von Mitgliedsbeiträgen an einen gemeinnützigen Verein. Erkundigen Sie sich bei dem Verein Ihrer Wahl, wie Sie sich konkret engagieren können.**

Eisberg, Grönland

Stromfresser im Stand-by

Wenn man vorm Zubettgehen alle Lichter ausmacht, dann ist es längst nicht mehr stockdunkel. Meist strahlen einem von überall in der Dunkelheit kleine Lichtlein grün oder rot entgegen. Längst haben wir uns an die kleinen Lichter gewöhnt, die anzeigen, dass Fernseher, Videorekorder, Computer, Drucker, Monitore nach dem »Ausschalten« in den Stand-by-Modus wechseln. Laut Bund für Umwelt und Naturschutz wird in Deutschland in einer Nacht etwa so viel Strom durch Stand-by-Geräte verschwendet, wie die Großstädte Berlin und Hamburg zusammen in derselben Zeitspanne verbrauchen. Dabei werden pro Jahr weltweit 14 Millionen Tonnen Kohlendioxid produziert. Um effizient Stromkosten zu sparen, gibt es nur eine Alternative, und diese heißt: Ausschalten!

TIPP: Um Strom zu sparen und gleichzeitig den Kabelsalat zu verhindern, eignet sich die Verwendung einer Steckerleiste mit Schalter. Erkundigen Sie sich beim Neukauf der Geräte, ob diese überhaupt ganz abgeschaltet werden dürfen. Bei einigen Gerätetypen, z. B. Videogeräten, wird auch die innere Uhr abgeschaltet, und dies kann zu Problemen beim Programmieren führen.

Lava, Kilauea-Vulkan, Hawaii

Wasserbelüftung hilft Sparen

Durch den Einbau von Wassersparern kann die Wassermenge etwa halbiert werden. Die einfachste und kostengünstigste Lösung, den Wasserdurchlauf zu begrenzen, ist der Einbau wassersparender Strahlregler. Solche Durchflussbegrenzer senken die Wassermenge, die pro Minute durch den Hahn oder den Duschkopf fließt. Da dem Wasser mehr Luft beigemischt wird, bleibt der Strahl füllig und hat die gleiche Reinigungskraft, obwohl weniger Wasser verwendet wird. **TIPP: Durchlaufbegrenzer kosten in der Anschaffung nur ein paar Euro. Ein Vierpersonenhaushalt spart auf diese Weise etwa 60 Kubikmeter Wasser im Jahr und bis zu 300 Euro Kosten für Wasser, Abwasser und Energie.**

Niagarafälle, USA

Gentechnische Veränderungen

GVO ist die Abkürzung für »gentechnisch veränderte Organismen«. Das sind Pflanzen oder Mikroorganismen, die mit gentechnischen Verfahren verändert wurden. Dabei werden einzelne Gene in das Erbgut eingebaut. Dadurch erhalten Pflanzen neue Eigenschaften, so dass sie zum Beispiel Abwehrstoffe gegen Insektenschädlinge bilden. In der Europäischen Union (EU) ist die Kennzeichnung gentechnisch veränderter Lebensmittel gesetzlich vorgeschrieben. **TIPP: Wer bewusst auf GVO-Lebensmittel verzichten möchte, sollte unbedingt darauf achten, dass das Produkt durch einen anerkannten Biobetrieb hergestellt bzw. geerntet wird. Unter Umständen kann »GVO-frei« nämlich bedeuten, dass mehr Insektizide, Herbizide und Fungizide eingesetzt wurden.**

Semiachik-Vulkan, Kamtschatka, Russland

Saubere Luft ist nicht alles

Immer öfter werden Landwirte zu Energiewirten. Durch den Anbau von Mais für Biogas, Raps für Biodiesel und Roggen für Ethanol können Bauern einen Beitrag zum Klimaschutz leisten. Das macht unabhängiger von Energieimporten und vermindert den Ressourcenverbrauch. Die Verwendung von Biodiesel bedeutet weniger Ruß, keinen Schwefel und einen nahezu geschlossenen CO_2-Kreislauf. Allerdings gibt es einen Wermutstropfen. Nicht immer erfolgt der Anbau von Energiepflanzen im Einklang mit dem Naturschutz und einer naturverträglichen Landwirtschaft. Großflächige Monokulturen wie Mais- und Rapsfelder haben erhebliche ökologische Belastungen zur Folge und negative Auswirkungen auf die Artenvielfalt. **TIPP: Wer sein Auto auf Ethanol oder Biodiesel umstellt, hat dadurch keinen Totalablass in Sachen Umwelt- und Naturschutz erwirkt. Der Bio-Porsche wird ein Traum bleiben.**

Sonnenuntergang, Sudan

Wintersonnenwende

Astronomisch beginnt der Frühling am 20. bzw. 21. März, wenn die »Tagundnachtgleiche« bzw. das sogenannte Frühlingsäquinoktium erreicht ist. Für Meteorologen dagegen beginnt der Frühling bereits am ersten März. Für Gärtner und Naturbeobachter schließlich ist der »phänomenologische« Frühjahrsbeginn am aussagefähigsten. Sie unterscheiden zwischen Vorfrühling, Erstfrühling und Vollfrühling. Vorfrühling ist gekennzeichnet durch Weiserwildblumen wie Winterling und Schneeglöckchen, Erstfrühling durch Buschwindröschen und Himmelsschlüssel und der Vollfrühling durch Flieder-, Goldregen- und Apfelblüte. **TIPP: Für viele Naturvölker ist das Frühlingsäquinoktium eines der wichtigsten Feste im Jahr. Auch für Zivilisationsmenschen ist der Tag ein Anlass, das Frühlingserwachen ein bisschen zu zelebrieren und über die mannigfachen Möglichkeiten nachzudenken, wie wir es der Natur jeden Tag leichter machen können.**

Mount-St.-Helens-Nationalpark, USA

Umweltbildung statt Artenkenntnis

Umweltbildung steht inzwischen überall auf den Lehrplänen. Es ist enorm, was ein Zehnjähriger heute zu Tensiden und Schwermetallen, zu Gentechnik und Müllverordnungen sagen kann. Die Ente im Stadtpark, die verschiedenen Baumarten kennen die wenigsten Jugendlichen. Der Grund hierfür: Umweltschutz lässt sich pauken, Artenkenntnis dagegen erfordert Zeit und wiederholten Anschauungsunterricht in freier Natur. Der enge Lehrplan und auch versicherungstechnische Gründe erlauben oft keine Exkursionen. **TIPP: Für die schlechte Artenkenntnis unserer Kinder und Jugendlichen dürfen wir nicht dem Biologieunterricht oder gar den Lehrern die Schuld geben, die Förderung der Artenkenntnis ist auch und vor allem eine Angelegenheit der häuslichen Erziehung.**

Altweibersommer, Kanada

Geschirrspüler: Klein ist nicht fein

Geschirrspülen von Hand ist weniger umweltfreundlich, denn meist werden dabei mehr Wasser und Strom verbraucht als durch einen Geschirrspüler. Bei der Neuanschaffung eines Geschirrspülers sollte man sich unbedingt klar machen, welche Geschirrmenge durchschnittlich anfällt und wie oft man spült. Eine große, voll beladene Geschirrspülmaschine mit 12 bis 14 Gedecken braucht pro Gedeck weniger Energie als eine kleine, die Platz für acht bis neun Gedecke bietet. Es ist daher günstiger, ein großes Gerät zu kaufen, das entsprechend seltener eingeschaltet wird. **TIPP: Wenn Sie den Geschirrspüler direkt an die Warmwasserleitung anschließen, können Sie Strom sparen. Dies ist besonders sinnvoll, wenn die Warmwasseraufbereitung umweltfreundlich, z. B. mit Hilfe einer Solaranlage, erfolgt.**

Guelta, Niger

Wo bleibt der Duft?

»Frühling lässt sein blaues Band wieder flattern durch die Lüfte. Süße, wohlbekannte Düfte streifen ahnungsvoll das Land. Veilchen träumen schon, wollen balde kommen ...«, so lautet der erste Teil eines bekannten Gedichts von Eduard Möricke. Seit Erscheinen des Gedichts hat sich allerdings viel geändert. Mörickes Hymne an das Veilchen können wir heute in vielen Regionen kaum noch nachvollziehen, denn draußen in »freier Natur« ist das Gelb des geruchlosen Löwenzahns fast überall der dominante Farbgeber des Frühlings. Löwenzahn gedeiht vornehmlich auf überdüngten Wiesen, die wiederum ein Produkt der intensiven Viehhaltung sind. Die wohlbekannten Düfte, die jetzt übers Land streifen, stammen hauptsächlich von der Gülle aus der Tierhaltung, die gerade zu Frühjahrsbeginn in großen Mengen ausgebracht wird. **TIPP: Fleisch aus biologischer Produktion bedeutet auch, dass die Biohöfe nicht mehr Kühe, Schweine oder Hühner halten dürfen, als sie mit selbst produzierten Futtermitteln versorgen können. Diese extensive Tierhaltung schützt auch die Umwelt, denn die Betriebe produzieren nicht übermäßig Gülle oder Mist. Wer Biofleisch kauft, sorgt dafür, dass auch andere Frühlingspflanzen eine Chance bekommen.**

Westmännerinseln, Island

Wassersparen im Garten

Unser Wasser befindet sich in einem ewigen Kreislauf. Alles Wasser, das wir benutzen, landet irgendwann in den Flüssen und in den Meeren. Dort steigt es als Wasserdampf auf und bildet Wolken. Die Wolken werden landeinwärts geweht und bringen uns das Wasser als Niederschlag. Es lässt die Seen, Bäche und Flüsse ansteigen und füllt die unterirdischen Wasserspeicher, so dass Frau Meyer und Herr Müller ihren Garten sprengen können ... **TIPP: In Zeiten des Spitzenverbrauchs muss nicht auch noch Rasen gesprengt werden. Mehrtägige Trockenperioden können die meisten Rasen gut verkraften. Sie regenerieren sich nach einem Regenguss. Sprengen Sie den Rasen, wenn überhaupt, erst in den Abendstunden, dann erreicht mehr Wasser das Wurzelsystem. Tagsüber dagegen verdunstet etwa die Hälfte des Wassers sofort, ohne die Wurzeln zu netzen.**

Niger, Mali

Spitzenzeiten meiden

In der Diskussion um die Laufzeit von Kernkraftwerken wird von den Befürwortern der Kernkraft vor allem der Stromverbrauch in Deutschland während der Spitzen als Argument herangezogen. Tatsächlich wird die Kapazität des Stromnetzes meist nur zu bestimmten Zeiten ausgeschöpft. **TIPP: Betreiben Sie deshalb die besonders stromintensiven Geräte wie Waschmaschine oder Geschirrspüler möglichst nicht während der Spitzenlastzeiten (Nie am Montagmorgen! Nie zwischen 10 und 12 Uhr! Nie zwischen 17 und 20 Uhr!).**

Heiße Quellen, Kamtschatka, Russland

Spielend fürs Leben lernen

Die Turboausbildung, durch die unsere Kinder hindurchmüssen, lässt immer weniger Raum für Spiel. Doch Soziologen, Anthropologen und Kulturhistoriker wissen seit langem, dass es ohne den spielenden Menschen, »Homo ludens«, den einsichtigen Menschen, »Homo sapiens«, nicht geben kann. Das Spiel gilt als wichtigster kulturbildender Faktor in der Entwicklung des Menschen. Besonders junge Menschen lernen spielerisch am leichtesten, was später auf ihrer Wertskala Bestand haben soll. **TIPP: Fördern und Fordern, so heißt die Formel, mit der wir uns der Erziehung unserer Nachkommen widmen. Dabei darf allerdings der Faktor Spiel nicht zu kurz kommen.**

Kilauea-Vulkan, Hawaii

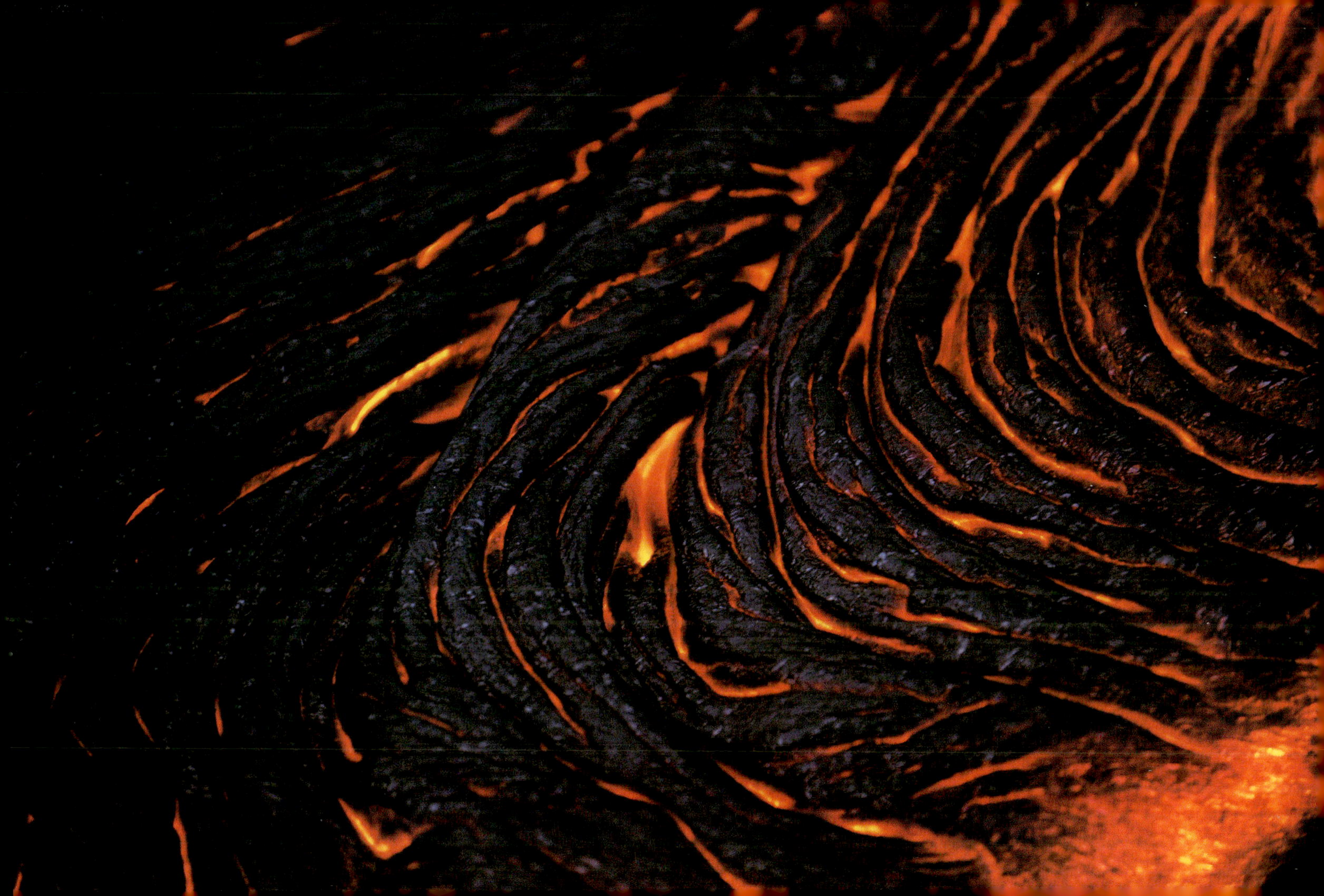

Lösung ohne Lösungsmittel

Beim Auftragen von Farben und Klebern verdunstet das Lösemittel und gelangt so in die Atemluft. Je nach Art des Lösemittels müssen die Konzentration in der Atemluft und die Einwirkungsdauer gering gehalten werden, damit es zu keiner gesundheitlichen Beeinträchtigung kommen kann. Wasserverdünnbare Dispersionsfarben belasten Umwelt und Gesundheit weit weniger als lösemittelhaltige Lacke. **TIPP: Verwenden Sie Farben von Herstellern, die sich unter der Arbeitsgemeinschaft Naturfarben (AGN) zusammengeschlossen haben. Diese Firmen verwenden fast ausschließlich natürlich vorkommende Rohstoffe, garantieren eine umweltgerechte Herstellung und deklarieren alle Inhaltsstoffe, was besonders für Allergiker wichtig sein kann. Übrigens können eingetrocknete Farbreste in geringen Mengen in die Restmülltonne geworfen werden, bei größeren Mengen und in flüssigem Zustand sollten Sie Farbreste beim Giftmobil oder einem Wertstoffhof entsorgen.**

Gletscher, Grönland

Brut- und Setzzeiten beachten

Die Lederschildkröten verbringen ihr ganzes Leben an Land und kommen nur zur Eiablage ans Ufer. Dort lassen sie sich von Fotografen und gelegentlichen Touristen nicht stören. Anders dagegen viele Vögel in Europa. In den Nistzeiten sind sie besonders störempfindlich. Werden sie zu oft aufgescheucht, erkalten die Gelege, und die Jungvögel erhalten nicht genug Futter. **TIPP: Bleiben Sie bei Ihren Frühjahrsspaziergängen unbedingt auf den Wegen. Die meisten Vogelarten beginnen spätestens ab April mit der Brut. Ihr Aktionsradius ist derzeit durch die Brutfürsorge begrenzt. Nehmen Sie Ihr Fernglas mit, und achten Sie vom Spazierweg aus auf Baumhöhlen und ein- und ausfliegende Stare, Buntspechte, Kleiber oder Meisen.**

Lederschildkröte, Guayana

Mischbatterien in richtiger Stellung

Der Wasserverbrauch in Deutschland ist seit 1990 stark rückläufig und heute so niedrig wie vor 20 Jahren. Der Hauptgrund, Wasser zu sparen, sind die Kosten. In keiner anderen großen Industrienation ist Trinkwasser so teuer wie in Deutschland. 1,83 Euro berechnen die Versorger derzeit im Bundesdurchschnitt für 1000 Liter Trinkwasser. Eine vierköpfige Familie verduscht im Jahr immerhin gut 700 Euro. Weitere Gründe, über den Wasserverbrauch nachzudenken, ist der Energieverbrauch bei der Wassererhitzung. Grundsätzlich gilt außerdem, dass jeder genutzte Liter Wasser wieder durchs Klärwerk muss und auch deswegen Kosten verursacht. **TIPP: Erkundigen Sie sich nach komfortablen Einhandmischbatterien. Achten Sie beim Neukauf darauf, dass die Kaltwasserstellung auch die Haupt-/Mittelstellung des Systems ist. So vermeiden Sie Energie und Wasservergeudung durch unnötiges Herumprobieren.**

Glacier-Nationalpark, USA

31. März

Biobrücken bauen

Durch die Mobilität der Menschen wird die Mobilität der Tiere zunehmend eingeschränkt. Autobahnen zerschneiden ihre Lebensräume, ziehende Arten wie etwa Rothirsche werden dadurch voneinander isoliert oder riskieren den Verkehrstod. Auch Vögel sind durch die Zerschneidung ihrer Lebensräume durch Autobahnen betroffen. Durch den Verkehr werden gerade im Frühjahr in vielen Regionen die Paarungsgesänge der Vögel übertönt. Gerade Arten mit verhältnismäßig großen Territorien wie Kuckucke erfahren auf diese Weise gar nicht, dass sie sich ganz in der Nähe eines paarungsbereiten Geschlechtspartners aufhalten. **TIPP: Autobahnen, für deren Bau eine nachgewiesene Notwendigkeit besteht, können erheblich zur wirtschaftlichen Verbesserung von abgelegenen Regionen beitragen. Sie bedrohen aber auch die Vielfalt der Wildtiere. Erkundigen Sie sich bei Autobahnprojekten, ob Durchlässe oder Biobrücken geplant sind. Falls nicht, sprechen Sie mit Ihren Abgeordneten, anstatt ausschließlich gegen den Bau der Autobahn zu protestieren.**

Roter Ibis, Brasilien

1. April

Weltladen statt Kolonialwaren

Kolonialwarenhändler – so hießen früher die Kaufleute, die mit Erzeugnissen wie Kaffee, Kakao, Südfrüchten und Reis handelten. Oft stammten diese Produkte tatsächlich aus den Kolonien, also jenen Ländern, auf die einige europäische Regierungen bestimmte Besitzansprüche zu haben glaubten. Heute sind Kolonien – mehr oder weniger zumindest – abgeschafft. Trotzdem herrscht beim Kauf von Lebensmitteln häufig noch immer eine Kolonialherrenmentalität. Nach dem Motto: Hauptsache, das Produkt ist preisgünstig, völlig egal, ob es unter Bedingungen produziert wurde, die weder als besonders sozial noch als umweltverträglich bezeichnet werden können. **TIPP: Suchen Sie gezielt nach Produkten, die im Rahmen des Fairen Welthandels vertrieben werden. Längst werden dort nicht mehr nur Kaffee und Tee angeboten, sondern auch Säfte, Reis, Honig, Teigwaren, Snacks, Spielzeug, Bekleidung, Küchenaccessoires, Heimtextilien, Papierartikel, Musikinstrumente, Korbwaren und Schmuck.**

Canyon am Yellowstone-Fluss, USA

2. April

Umweltschutz nicht zu ernst nehmen

Der Kampf gegen den inneren Schweinehund ist nicht leicht. Wie oft sagen wir uns »einmal ist keinmal« und werfen Metall und Plastik in den Restmüll oder fahren den kurzen Weg zum Brötchenholen mit 80 PS plus unter dem Sitz, nur weil es draußen ein bisschen regnet. Das ist menschlich, verständlich und sicher auch kein Grund, mit sich selbst über alle Maßen ins Gericht zu gehen. **TIPP: Gehen Sie im Umweltschutz mit gutem Beispiel voran, aber gehen Sie dabei weder sich noch anderen auf die Nerven! Erlauben Sie sich gelegentliche Ausnahmen. Auf diese Weise lässt sich der Kampf gegen den inneren Schweinehund dauerhaft durchhalten. Eines ist sicher: Umweltbewusstes Verhalten ist eine lebenslange Angelegenheit, da darf man ruhig auch mal ein Auge zudrücken.**

Eisberge, Grönland

3. April

Allzweckmittel gegen Chemie

Eine schier unübersehbare Vielfalt an Reinigungsmitteln wird dem Verbraucher heute angeboten. Waschbecken, Toilette, Dusche, Möbel, Armaturen, für fast jede Nische in der Wohnung und jede Oberfläche im Haus gibt es ein anderes Reinigungsmittel mit anderen Wirk- und Inhaltsstoffen. Viele dieser Inhaltsstoffe, Tenside etwa, Phosphate und Säuren, sind nur schwer abbaubar und belasten die Kläranlagen. **TIPP:** **Nur ein kleiner Teil der angebotenen Reinigungsmittel ist wirklich nötig. Verwenden Sie Allzweckreiniger, mit Seife und Essig rücken Sie dem gängigen Schmutz zu Leibe.**

Bénitier, Australien

Busreisen daheim

Uzon-Caldera, so heißt der eingebrochene Vulkan im Kronozky-Nationalpark in Kamtschatka, einer merkwürdigen, geradezu magischen Landschaft, die erst seit dem Jahr 2000 für Touristen zugänglich ist. Fernreisen in diese Ecke der Welt lassen sich am einfachsten in einer Reisegruppe per Bus und unter der Führung von kundigen Reiseleitern unternehmen, die der Sprache des Landes mächtig sind und die Gepflogenheiten kennen. Bei weniger exotischen Reisezielen, noch dazu solchen, die im eigenen Land liegen, ziehen die meisten Urlauber es dagegen vor, als Individualtouristen zu reisen. **TIPP: Gruppenreisen im eigenen Land sind preisgünstig und verbrauchen pro Kopf wesentlich weniger Sprit als Kurzreisen im eigenen Pkw. Erkundigen Sie sich bei Busunternehmern nach Angeboten für Kurz- und Wochenendreisen.**

Uzon-Caldera, Kamtschatka, Russland

Mit den richtigen Kartoffeln Rebhühner schützen

Sie heißen »Rosa Erstling«, »Gelber Tannenzapfen« oder »Bamberger Hörnchen«. Die Rede ist von alten Kartoffelsorten, die früher weit verbreitet waren und nun wiederentdeckt werden. Ihr Nachteil ist gleichzeitig ein Vorteil; sie können zwar nicht großflächig angebaut werden wie die modernen Zuchtsorten, dafür kommen sie aber ohne Pflanzenschutzmittel aus. Dasselbe gilt für alte Getreidesorten wie »Emmert« oder »Dinkel«. Kleinflächiger Anbau und das Zulassen von Wildkräutern und Insekten bieten selten gewordenen Tieren wie Rebhühnern und Wachteln genug Nahrung, Nistplätze und Deckung. **TIPP: Suchen Sie auf dem Wochenmarkt und in Naturkostläden nach alten Gemüse- und Getreidesorten oder nach Lebensmitteln, die aus ihnen hergestellt wurden.**

Cranberries, USA

Rote Liste für zu Hause

Etwa ein Drittel aller Tier- und Pflanzenarten in Deutschland ist gefährdet. Bei einigen Tiergruppen, wie den Reptilien, liegt der Anteil der gefährdeten Arten mit fast 80 Prozent sogar deutlich höher. Doch davon sollte man sich die Laune beim nächsten Frühlingsausflug nicht verderben lassen. Freuen Sie sich über die ersten Schwalben, die Mitte des Monats aus dem Süden kommen. Melden Sie sich für naturkundliche Exkursionen bei der Volkshochschule an, um ein Gespür für die Artenvielfalt zu bekommen. Das Engagement für seltene Arten und ihre Lebensräume folgt dann meist von selbst. **TIPP: Nehmen Sie beim nächsten Ausflug ins Grüne Fernglas, Becherlupe und Pflanzen- und Vogelbestimmungsführer mit. Halten Sie Ihre Beobachtungen schriftlich fest. Bereits nach einer Saison werden Sie merken, wie einmalig und wunderbar zunächst unspektakulär scheinende Arten wie Leberblümchen und Rotkehlchen sind.**

Albatros, Roaring Fourties (ein Wind- und Luftdruckgürtel zwischen Chile und Australien, der sich durch besondere Unbeständigkeit ausweist)

Geheimtipp gegen Ofenschmutz

Wenn die Hausfrau oder der Hausmann Mundschutz anlegt und Gummihandschuhe anzieht, dann ist dies ein sicheres Zeichen dafür, dass es wieder Zeit ist für die Backofenreinigung. Backofenspray kann gefährlich sein: Die meisten Mittel sind stark alkalisch! Beim Kauf sollten Sie auf möglichst schonende Reiniger achten, die auch die Umwelt nicht so stark belasten! Falls Sie Backofenreiniger verwenden, sollten Sie Hautkontakt möglichst meiden (Gummihandschuhe tragen) und die Dämpfe nicht einatmen. **TIPP: Der heimische Herd lässt sich wesentlich sanfter reinigen. Tupfen Sie etwas Essig auf die eingetrockneten, verkrusteten Stellen, und legen Sie über Nacht ein feuchtes, mit Essig getränktes Baumwolltuch in den Ofen: Die verkrusteten Stellen lösen sich und können entfernt werden. Sie brauchen später nur noch mit klarem Wasser nachzuwischen.**

Bakterien, Kamtschatka, Russland

Fragen Sie Ihren Abgeordneten

Vielleicht haben Sie ja vom letzten Wahlkampf nicht nur den einen oder anderen Kugelschreiber behalten, den Sie von einem der Wahlkämpfer geschenkt bekommen haben, sondern eine Visitenkarte mit der Abkürzung MdL oder MdB. Die Mitglieder des Landtags oder Bundestags sind vom Volk gewählte Abgeordnete und damit beauftragt, sich für die Belange der Bürger, also auch Ihre Anliegen, einzusetzen. TIPP: **Gibt es umweltrelevante Entscheidungen, die in Ihrem Wahlkreis oder Bundesland anstehen? Sprechen Sie mit Ihren Abgeordneten.**

Mount Fitz Roy, Argentinien

9. April

Sich Zeit nehmen für Fast Food

Polivinylchlorid, besser bekannt als Plastik oder PVC, hat einen wahrhaften Siegeszug um die Welt angetreten. Die Menge an Abfall aus PVC ist in den letzten 30 Jahren um das 50-Fache angestiegen. Dafür gibt es viele Gründe. Einer davon sind Fast-Food-Ketten und Schnellimbisse, die aus unserer heutigen schnelllebigen Welt nicht mehr wegzudenken sind. **TIPP: Bei den meisten Fast-Food-Ketten können Sie sich bequem im Internet darüber informieren, wie hoch die Recyclingquote ist. Inzwischen werden Recyclingquoten von bis zu 90 Prozent erreicht. Voraussetzung dafür ist freilich, dass man sich selbst beim Fast-Food-Konsum Zeit nimmt, sich also hinsetzt und den Müll an Ort und Stelle produziert und den Abfall im Restaurant selbst entsorgt.**

Skorpionfisch, Thailand

Biokost fürs Baby

Studien haben gezeigt, dass Reste von Pflanzenschutzmitteln in der Nahrung das Nerven- und Immunsystem schädigen und bestimmte Krebsarten verursachen können. Gerade bei Babys und Kleinkindern, deren Immunsystem nicht voll ausgebildet ist, können Rückstände in der Nahrung schlimmere Folgen haben als bei Erwachsenen. **TIPP: Wählen Sie für Ihr Kind Produkte aus biologischem Anbau. Übertreiben Sie es im Kinderzimmer aber nicht mit der Reinlichkeit. Kinder, die natürlichem Schmutz und Dreck ausgesetzt sind, entwickeln bessere Abwehrkräfte als Kinder, die in einer nahezu sterilen Umgebung aufwachsen.**

Weiße Wüste, Ägypten

11. April

Gehen statt Walking

»Walking«, so weiß das Lexikon, ist die »sportlichere Variante des Wanderns. Walking hält jung, schont die Gelenke, bringt den Kreislauf in Schwung«. Doch Hand aufs Herz, wer mit Walking anfängt, leidet häufig bereits unter Gewichts- und Kreislaufproblemen. **TIPP: Lassen Sie es nicht so weit kommen, dass Sie Walking nötig haben. Um fit zu werden oder fit zu bleiben, gewöhnen Sie es sich frühzeitig an, kleine Entfernungen, so oft Sie können, zu Fuß zurückzulegen. Das schont auch den Motor Ihres Wagens und die Umwelt.**

Salar de Uyuni, Bolivien

Knoblauch gegen Monster im Garten

Was den Einsatz von Chemie betrifft, sind Hobbygärtner oft die größeren Umweltsünder als Landwirte. Landwirte haben viel Boden zu bearbeiten. Aus Kostengründen sind sie sparsam im Einsatz von Chemie und nutzen immer häufiger computergesteuerte Dosierungssysteme. Anders die Hobbygärtner, die oft ein kaum handtuchgroßes Grundstück bearbeiten. Sie können sich die chemische Keule nach dem Motto »Viel hilft viel« leisten. Doch damit bewirken sie oft das Gegenteil: Inzwischen gibt es mehr als 500 Insekten und Milbenarten, die eine Resistenz gegen chemische Mittel entwickelt haben und die nur mit immer höheren Dosierungen bekämpft werden können. **TIPP: Lassen Sie es erst gar nicht dazu kommen, dass die kleinen Übeltäter in Haus und Garten chemieresistent werden. Gegen Blattläuse, Fadenwürmer, Schimmelpilze, Mehltau und Raupen gibt es viele Hausmittel, eines davon ist Knoblauch: 75 Gramm in einem Liter aufkochen und im Verhältnis 1:10 verdünnt und dreimal hintereinander im Abstand von drei Tagen auf Blätter und Boden sprühen.**

Samen, Shenandoah-Nationalpark, USA

Urlaub im Einklang mit der Natur

Die besten Beweise, dass Ökonomie und Ökologie kein Gegensatzpaar zu sein brauchen, sind Biosphärenreservate. Das sind von der UNESCO anerkannte »repräsentative Ausschnitte von Natur- und Kulturlandschaften, die aufgrund reicher Naturausstattung und einer landschaftsverträglichen Landnutzung überregionale Bedeutung besitzen«. In Deutschland gibt es immerhin 14 Biosphärenreservate. **TIPP: Machen Sie doch mal Urlaub in einem Biosphärenreservat. Die ganze Palette finden Sie beschrieben im Internet unter www.biosphaerenreservat.de.**

Wüste in Namibia

14. April

Tödliche und teure Mitbringsel

Rund 8000 Tier- und 40 000 Pflanzenarten sind in ihrem Bestand gefährdet oder sogar von der Ausrottung bedroht. Viele von ihnen sind durch den Handel bedroht, sei es durch den Zoohandel, der mit lebenden Arten Geschäfte macht, oder durch den Handel mit bestimmten Produkten. Zu diesen gehören nicht nur Schnitzereien aus Elfenbein oder Schildpatt. Auch für viele Waren aus Muscheln, Korallen oder Schlangen- oder Krokodilleder und selbst aus bestimmten Pflanzenteilen sind Ausfuhr und Handel verboten. **TIPP: Der Kauf von legalen Souvenirs aus bestimmten Pflanzen- und Tierprodukten bringt Entwicklungsländern dringend benötigte Devisen. Kaufen Sie aber nicht das Falsche, sondern erkundigen Sie sich bereits vor der nächsten Fernreise beim Zoll oder Bundesamt für Naturschutz, welche Produkte nicht aus Ihrem Urlaubsland ausgeführt werden dürfen.**

Elefant, Kenia

Geflügelherkunft

»Ich wollt', ich wär' ein Huhn, ich hätt' nicht viel zu tun« – so lautet die erste Zeile eines bekannten Lieds der Comedian Harmonists aus den 1930er Jahren. Nicht erst seit der Vogelgrippe ist die Realität der Hühner in Deutschland alles andere als beneidenswert. Doch wie gut oder wie schlecht es die Hühner in Deutschland haben, lässt sich beim Eierkauf mitbestimmen. **TIPP: Seit 2004 muss jedes Ei gekennzeichnet sein. »0« steht für Biohaltung, »1« für Freilandhaltung, »2« bedeutet Bodenhaltung und »3« Käfighaltung.**

Eisscholle, Antarktis

16. April

Richtiger Umgang mit dem Fernglas

Mitte April machen die Bäume langsam »dicht«, d. h., die Laubbäume treiben aus, und man kann die Vögel nicht mehr so leicht erkennen. Dies ist insofern ärgerlich, als gerade jetzt immer mehr Vögel aus den Winterquartieren zurückkehren. Vogelbeobachtung stellt nicht nur eine persönliche Lebensbereicherung dar, sondern stärkt das Bewusstsein für einen selbstverständlichen Naturschutz ganz ohne erhobenen Zeigefinger. **TIPP: Das Beobachten von Vögeln durch das Fernglas will gelernt sein. Die übliche Methode, mit dem Fernglas vorm Gesicht nach Vögeln im Geäst zu suchen, ist nicht sehr effektiv. Finden Sie zunächst den Vogel ohne Fernglas. Setzen Sie das Fernglas erst dann auf, wenn Sie den Vogel gefunden haben.**

Tropischer Primärwald, Australien

Schlängeln schützt vor Hochwasser

»Schlängeln tun's gern, die Flüss'«, das wusste schon Karl Valentin. In der Sprache der Ökologen sind schlängelnde Flüsse »mäandrierende Fließgewässer«, die sich durch besondere Naturnähe auszeichnen. Die Schlaufen im Fluss sind praktisch, denn sie reduzieren die Fließgeschwindigkeit und halten so bei Hochwasser die einbrechende Flut zurück. **TIPP: Wie hochwassersicher ist Ihr Haus? Erkundigen Sie sich bei der Hochwasserzentrale, ob Ihre Wohnung oder Ihr Haus in einem hochwassergefährdeten Bezirk liegt. Engagieren Sie sich in Naturschutzvereinen, die sich besonders für die Renaturierung von Fließgewässern einsetzen, und informieren Sie sich im Internet (www.hochwasser-special.de).**

Sumpflandschaft, Alaska

Kalorien zählen, aber anders

Der Brennwert von Nahrungsmitteln wird in Joule bzw. Kilojoule (kJ) berechnet. Ein Gramm Fett hat etwa einen Brennwert von 38 Kilojoule. Ein Gramm Kohlenhydrate verbrennt dagegen mit 17 Kilojoule. Brennwerte werden nicht nur für den Verbrauch von Lebensmitteln berechnet, sondern auch für deren Herstellung. Ein Kilojoule entspricht dabei der Wärmemenge, die gebraucht wird, um einen Liter Wasser von vier auf fünf Grad zu erwärmen. Im Durchschnitt wird bei der Produktion von Nahrungsmitteln 10- bis 15-mal so viel Energie verbraucht wie bei deren Konsum. **TIPP: Versuchen Sie, zumindest einen Teil Ihrer Ernährung mit Nahrungsmitteln zu bestreiten, die weder industriell hergestellt wurden noch besonders weit transportiert werden mussten.**

Salzsee, Tschad

Effiziente Energiesparlampen

Energiesparlampen senken die Stromkosten für Beleuchtung um bis zu 80 Prozent. Weil sie effizienter sind als herkömmliche Glühlampen und dazu eine etwa zehnmal längere Lebensdauer besitzen, rentiert sich der Kauf von Energiesparlampen bereits nach kurzer Zeit. Durch den Einsatz von nur zehn Energiesparlampen lassen sich bereits rund 80 Euro im Jahr sparen. **TIPP: Auf der Verpackung ist eine Einteilung in Energieeffizienzklassen zu finden. Sie reicht von Energieeffizienzklasse »A« (sehr effizient) bis »G« (ineffizient). Energiesparlampen gehören zur Klasse »A« oder »B«. Anders die normalen Glühlampen, sie gehören meist der Klasse »D« an.**

Erta-Ale-Vulkan, Äthiopien

Unkraut identifizieren

Unkraut ist nicht gleich Unkraut. Im Kleinstgarten, selbst in Balkonkästen bekommen Ihre Lieblingspflanzen schnell Gesellschaft von Unkräutern, also Wildpflanzen, die man eigentlich gar nicht haben wollte und die unter Umständen die Pflanze bedrängen. In der ökologischen Landwirtschaft spricht man allerdings nicht mehr von Unkraut, sondern von Beikraut; dazu zählen etwa die seltene Kornrade oder auch der Klatschmohn. **TIPP: Wenn Sie nicht gerade einen intensiven Nutz- oder Ziergarten heranpflegen wollen, sondern nur einen hübschen naturnahen Garten, dann können viele Wildpflanzen toleriert werden. Bevor Sie sich entschließen, bestimmte Wildpflanzen mechanisch zu beseitigen (jäten), sollten Sie sich die Mühe machen, die Pflanze zu identifizieren und sich dabei zu vergewissern, ob die Art wirklich »invasiv« ist, also die Tendenz hat, sich aggressiv auszubreiten. Möglicherweise entpuppt sich das vermeintliche Unkraut als eine kleine Seltenheit.**

Lobelie, Uganda

Werden Sie in Parks aktiv

In vielen Nationalparks, Naturparks und Biosphärenreservaten sind bundesweit freiwillige Helfer im Einsatz. Es gibt viel zu tun, und die staatlichen Budgets sind wie immer knapp bemessen: Beteiligen Sie sich in Teamarbeit mit hauptamtlichen Schutzgebietsbetreuern daran, wertvolle Ökosysteme, Pflanzen und Tiere zu erhalten. Im Freiwilligenprogramm der Schutzgebiete sind ehrenamtliche Mitarbeiter unabhängig von Alter und Qualifikation herzlich willkommen – eine gute Gelegenheit für Naturfreunde, unsere Großschutzgebiete aktiv zu erleben. **TIPP: Bei EUROPARC Deutschland erfahren Sie mehr über die Aktion »Freiwillige in Parks« (www.freiwillige-in-parks.de).**

Skorpionfisch, Australien

22. April

»Tag der Erde«

»Earth Day« findet alljährlich am 22. April in über 150 Ländern statt. Die Idee geht auf den US-Senator Gaylord Nelson zurück, der an Universitäten und in Schulen zu einem Aktionstag für die Erde aufrief. Unterstützt durch die Weltraumfahrt, die erstmals Aufnahmen verbreitete, welche die Erde in ihrer ganzen Winzigkeit und Einmaligkeit im All zeigten, wurde die Idee ein Weltevent. **TIPP: In Deutschland finden an jedem »Tag der Erde« vielfältige Aktionen besonders zum Thema Klimaschutz statt. Engagieren Sie sich: www.earthday.de.**

Salar de Uyuni, Bolivien

Tauschen Sie Ihre Fähigkeiten ein

Viele Menschen haben Talente und Fähigkeiten, die sie kaum nutzen, die aber anderen helfen könnten. Statt Dienstleistung zu kaufen oder zu verkaufen, können Sie diese eintauschen. Vielleicht gibt es in Ihrem Rathaus, Ihrer Kirche oder dem Supermarkt ein schwarzes Brett, an dem Sie Ihre Kenntnisse anbieten können und wo Sie andererseits auch Rat und Hilfe bekommen können.

TIPP: In vielen Regionen gibt es bereits Tauschringe. Statt mit Geld kann hier mit Talenten und Waren gezahlt werden (www.tauschring.de).

Waimea-Canyon, Hawaii

24. April

Bodenvorbereitung durch Kompost

Damit im Laufe der nächsten Wochen aus einem grünen Busch ein blühender Strauch werden kann, brauchen Pflanzen zusätzliche Nährstoffe in Form von Dünger. Besonders nährstoffhungrig sind Rosen, Rhododendren und Azaleen. **TIPP: Verzichten Sie im Garten auf die chemische Keule. Organische Naturdünger sind aus tierischen und pflanzlichen Rohstoffen hergestellt und wirken, indem sie nützliche Bodentiere anlocken. Dasselbe erreichen Sie durch das Ausbringen von Kompost.**

Moos, Kamtschatka, Russland

Neues Hobby Reiten

Es muss nicht unbedingt ein exotischer Reitverein sein, wie etwa der erste »Bayerische Kamelreitverein«. Pferde, Ponys, Haflinger sind längst alles andere als »Sportgeräte« für die »oberen Zehntausend«. Im Zeitalter des Bauernhofsterbens bietet Freizeitreiten mit Reitschulen und Pferdepension für viele Landwirte eine wichtige Erwerbsquelle. Reiten kann besonders Bandscheibenschäden entgegenwirken und fördert den Aufbau der Stützmuskulatur Ihres Rückens. **TIPP: Nehmen Sie Reitunterricht. Wenn Sie den Aufgalopp im Gelände gemeistert haben und sich ein eigenes Pferd wünschen, sollten Sie es allerdings zuerst mit der preisgünstigen Alternative einer Reitbeteiligung versuchen.**

Guelta, Tschad

Es geht auch ohne Klimaanlage

Trotz Tschernobyl hört man in der aktuellen Diskussion um die Laufzeiten von Kernkraftwerken oft die Aussage, dass Atomkraftwerke eine »saubere Sache« seien, da sie kein Kohlendioxid ausstoßen und deswegen nicht zur Erderwärmung beitragen. Dass die Entsorgung von inzwischen über 200 000 Tonnen Atommüll alles andere als befriedigend geklärt ist, wird von den Atombefürwortern meist verschwiegen. Weniger Energie zu verbrauchen heißt auch, weniger Bedarf für Atomstrom zu produzieren. TIPP: **Auch wenn es ein heißer Sommer zu werden verspricht, überlegen Sie es sich dreimal, ehe Sie sich für eine Klimaanlage entscheiden. Durch eine handelsübliche Klimaanlage wird die Energiebilanz eines Hauses oder einer Wohnung bis um ein Drittel erhöht. Durch den Einbau geeigneter Lamellenvorhänge, Faltstores, Plissees, Innenjalousien, Rollos oder Gardinen schaffen Sie ein angenehmes Raumklima auch ohne Klimaanlage.**

Eisberg, Grönland

Rotkerniges Buchenholz

Buchenwälder gehören zu den großen natürlichen Ökosystemen in Mitteleuropa. Die naturnahe Waldwirtschaft hat in den letzten Jahrzehnten dazu geführt, dass der Holzvorrat in den Buchenwäldern in Deutschland stetig zugenommen hat und die Bäume durchschnittlich älter werden. Dadurch wiederum fällt zunehmend »rotkerniges« Buchenholz an. Denn ab einem Alter von etwa 100 Jahren kann es bei unserer heimischen Rotbuche zu einer Verfärbung im Stamminnern kommen. Dieser Farbkern ist ein natürliches Wuchsmerkmal und mindert keinesfalls die Qualität des Holzes. **TIPP: Wenn Sie Produkte aus rotkernigem Buchenholz kaufen, fördern Sie die nachhaltige Bewirtschaftung von alten, besonders naturnahen Buchenmischwäldern. Informieren Sie sich unter www.kerniges-holz.de.**

Mangroven, Australien

Photovoltaik

In jedem Jahr erreichen 1 540 000 000 000 000 000 Kilowattstunden Sonnenenergie die Erde. Das ist etwa das 15 000-Fache des weltweiten Stromverbrauchs! Durch die Technik der Photovoltaik kann diese Lichtenergie in elektrische Energie umgewandelt werden. Durch Solartechnik werden Sie unabhängig von fossilen Energieträgern und auch von der Kernkraft. TIPP: **Der Nachteil der Photovoltaikanlagen ist ihr verhältnismäßig hoher Anschaffungspreis. Erkundigen Sie sich bei Ihrer Bank oder Sparkasse nach einem für Sie passenden günstigen Solarkredit.**

Antarktische Halbinsel

Ofenfenster und die Moral

Ein geflügeltes Wort lautet: Alles Schöne ist entweder unmoralisch, ungesetzlich, schadet der Gesundheit oder der Umwelt. Das ist zynisch. Denn sicher kann man das Leben genießen, ohne Gesetze zu übertreten, die öffentliche Moral zu verletzen oder seine eigene Gesundheit zu gefährden. Doch ohne Umweltgefährdung scheint es nicht zu gehen. Kaum knipsen wir das Licht an oder brühen Tee auf, schon tragen wir damit zum Treibhauseffekt bei. Man braucht sich nun deswegen weder ständig Vorwürfe zu machen, noch muss man alle elektrischen Geräte abschaffen. Aber zumindest sollte man Energieverschwendung vermeiden. **TIPP: Putzen Sie das Fenster Ihres Backofens. So erkennen Sie, ohne den Ofen zu öffnen, wie weit der Braten oder der Kuchen gediehen ist. Bedenken Sie, dass bei jedem Öffnen des Ofens 20 Prozent der Energie verloren gehen.**

Turkana-See, Kenia

Der Blaue Engel im Büro

Auch Bürogeräte können das Umweltsiegel »Blauer Engel« bekommen: Umweltgerecht konstruierte PCs und Drucker sollten einen niedrigen Energieverbrauch haben, leicht nachrüstbar sein sowie reparaturfreundlich, langlebig und recyclinggerecht. Durch Kopiergeräte mit diesem Zeichen werden bedenkliche Schadstoffbelastungen in Innenräumen vermieden. **TIPP: Informieren Sie sich über die Gefahren durch Strahlung beim Bundesamt für Strahlenschutz (www.bfs.de).**

Piton-de-la-Fournaise-Vulkan, Réunion

1. Mai

Engagement für Naturschutz mit Stofftieren

Wie wir Menschen zeichnen sich auch viele höhere Tierarten am Anfang des Lebens durch große Augen und ein rundes Gesicht aus. Der Verhaltensforscher Konrad Lorenz hat herausgefunden, dass diese Eigenschaften als Schlüsselreize wirken und auch über die Artgrenzen hinweg Fürsorgeverhalten auslösen. Auf diesem »Kindchenschema« basiert auch die große Beliebtheit von Stofftieren bei Kindern. **TIPP: Der frühe Fürsorgetrieb kann zu einem lebenslangen Engagement für Natur- und Tierschutz werden. Gehen Sie mit Ihren Kindern in Tierparks, und sehen Sie sich gemeinsam Tierfilme an, um die Originale der Stofftiere kennen zu lernen.**

Weddellrobbe, Antarktis

Stärken Sie die Landwirtschaft in Ihrer Region

Nur zu leicht vergisst man, dass der Großteil unserer Lebensmittel nicht aus dem Supermarkt kommt, sondern von Landwirten produziert wird. Diese Lebensmittel können in Einklang mit der oder gegen die Natur produziert werden. Großschutzgebiete wie Biosphärenreservate (siehe auch 13. April) zeigen, dass dies funktionieren kann. Doch so weit muss man gar nicht gehen. Wahrscheinlich gibt es auch in Ihrer Nachbarschaft Projekte und Initiativen, bei denen nachhaltiges Wirtschaften, Fremdenverkehr, Naturschutz und Landwirtschaft Hand in Hand gehen. **TIPP: Kaufen Sie Ihre Lebensmittel öfter auf Wochenmärkten. Informationen zum Thema nachhaltige Regionalentwicklung erhalten Sie im Internet unter www.reginet.de.**

Erg, Algerien

Mulchen erspart Gartenarbeit

Gartenarbeit wird oft als lästig empfunden. Egal, was wir anpflanzen, ob wir Ziergärten mit Blumen oder kleine Nutzgärten mit Gemüse angelegt haben, immer muss beharrlich gejätet und gegossen werden. Der Grund hierfür ist der Boden. In der Natur gibt es keinen unbedeckten Boden. Wo jedoch Gemüsepflänzchen oder Blumenzwiebeln in den Boden gesteckt werden, bleibt der Boden eine Zeit lang kahl. Kahle Stellen gibt es in der Natur eher selten. Neue Pflanzen werden angezogen wie ein Magnet. **TIPP:** **Schützen Sie die kahlen Stellen in den Gartenbeeten durch Mulchen. Oft reicht dazu Rasenschnitt oder Kompost. So werden den jungen Pflänzchen zusätzlich auch Nährstoffe zur Verfügung gestellt, und der Boden trocknet nicht aus.**

Saurer See, Vanuatu

4. Mai

Energiesparen durch Warmwasserboiler

Erdöl, Erdgas und Kohle werden als fossile Energieträger bezeichnet. Denn sie wurden aus urzeitlichen Bäumen und Tieren gewonnen, die sich vor Millionen von Jahren in der Erde ablagerten. Seit knapp 150 Jahren werden sie mit technischen Mitteln aus der Erde extrahiert und verbrannt, um so Energie für unsere täglichen Bedürfnisse zu erzeugen. Legt man den gegenwärtigen Verbrauch zu Grunde, dürften die Ölreserven bereits in 50 Jahren zu Ende gehen. Die Erdgasreserven reichen dann noch etwa 80 Jahre, Kohle immerhin noch 300 Jahre. **TIPP: Eine der Hauptannehmlichkeiten der Zivilisation ist fließend warmes Wasser. Der richtige Boiler hilft, Energie zu sparen. Denken Sie beim Neukauf daran, dass Durchlauferhitzer meist weniger als Warmwasserspeicher sparen und dass Gas mehr Energie einsparen hilft als Strom.**

Trou de Fer, Réunion

5. Mai

Duft gegen Löcher

Geheimnisvolle Löcher in den Kleidern stammen oft von Kleidermotten und lassen sich mit natürlichen Kräutern bekämpfen. Lavendel, Waldmeister, Rainfarn, Rosmarin oder Holunderblüten halten die lästigen Tierchen fern. **TIPP: In Gärtnereien und Gartencentern können Sie Waldmeister, Rosmarin und Lavendel als kleine und preisgünstige Topfpflanzen besorgen und sie zur Blüte heranziehen. Waldmeister, Rainfarn und Holunder wachsen auch in der Natur und dürfen in kleinen Handblumensträußen gepflückt werden.**

Inlandeis, Grönland

Artenvielfalt zu Hause

Die Liste wird immer länger: Aktuell stehen genau 15 589 Tier- und Pflanzenarten auf der roten Liste der bedrohten Arten. Fast ein Viertel aller Säugetiere, beinahe ein Drittel der Amphibien und rund zwölf Prozent der Vogelarten sind gefährdet. Einen wichtigen Meilenstein zur Erhaltung und Entwicklung der biologischen Vielfalt in Europa setzte die EU 1992 mit der Verabschiedung der Fauna-Flora-Habitat-(FFH)-Richtlinie, mit der sich die Mitgliedsstaaten u. a. dazu verpflichteten, das Schutzgebietsnetzwerk aufzubauen. **TIPP: Suchen Sie nach FFH-Gebieten in Ihrem Bundesland, und machen Sie dort Urlaub. Erkundigen Sie sich nach tier- und pflanzenkundlichen Führungen, und erzählen Sie Ihren Hauswirten, dass Sie insbesondere wegen der Artenvielfalt in die Region gekommen sind. Auf diese Weise wird das Image des FFH-Naturschutzes, insbesondere bei der Bevölkerung vor Ort, deutlich verbessert.**

Osprey-Riff, Australien

Glas recyceln

Glas ist ein Wunderstoff. Es ist ein umweltschonendes und zugleich äußerst elegantes Verpackungsmaterial. Bei Wasser und Wein eignet es sich ideal für Transport, Verkauf und Lagerung. Egal, ob bei Auslagen in Warenhäusern oder Museumsvitrinen – Glas schützt und ermöglicht dennoch einen unverstellten Blick auf die Gegenstände hinter der Scheibe. Als Behältnis für Lebensmittel ist es besonders gut geeignet, weil es den Geschmack der Lebensmittel so gut wie nicht verändert.

TIPP: Achten Sie schon beim Einkauf auf die Farben des Glases. Bei der Herstellung von neuem farblosen Glas kann der Anteil an Altglas mehr als 60 Prozent betragen, bei braunem Glas bis weit über 80 Prozent. Grünglas lässt sich aus 100 Prozent Altglas herstellen.

Ol-Doinyo-Lengai-Vulkan, Tansania

Kosmetik ohne Tierversuche

Tierversuche für kosmetische Endprodukte sind nicht gesetzlich vorgeschrieben. Allerdings wird meist übersehen, dass sich die Endprodukte aus unzähligen Einzelsubstanzen, den Rohstoffen, zusammensetzen, die in Tierversuchen getestet werden mussten. Tierversuchsfrei heißt auch, dass keine Chemikalien verwendet wurden, die an lebenden Tieren ausprobiert werden mussten.

TIPP: Seit 1981 führt der Deutsche Tierschutzbund e.V. Bonn eine »Positivliste« von Herstellern und Vertriebsfirmen von tierversuchsfreier Kosmetik. Achten Sie auf das Logo »Kaninchen unter schützender Hand« des Internationalen Herstellerverbands gegen Tierversuche in der Kosmetik (IHTK. e.V.). Infos finden Sie online unter www.ihtk.de.

Natronsee, Tansania

Aus zweiter Hand

Flohmärkte und Secondhand-Kleidungsläden sind praktizierter Umweltschutz. Alles, was gebraucht gekauft wird, landet nicht auf dem Müll, sondern wird weiter genutzt und muss nicht unter erheblichem Rohstoff- und Energieverbrauch neu produziert werden. **TIPP: Überlegen Sie es sich stets zweimal, ehe Sie Gebrauchsgegenstände einfach wegwerfen oder zum Wertstoffhof bringen. Verdienen Sie stattdessen Geld mit ihnen, indem Sie sie auf Flohmärkten verkaufen.**

Abstieg in einen Schmelzwassertunnel, Grönland

10. Mai

Fahrradpflege schützt die Umwelt

Fahrradfahren will gelernt sein, das gilt auch im Erwachsenenalter. Wer das Fahrrad häufig und auf längeren Strecken nutzt, handelt besonders umweltfreundlich. Sie erhöhen Ihre Freude am Fahrrad durch zwei entscheidende Maßnahmen. Sorgen Sie stets dafür, dass die Kette geschmiert ist und die Reifen immer den richtigen Druck haben. So verlängern Sie die Lebensdauer Ihres Fahrrades entscheidend. **TIPP: Kaufen Sie Ihr Fahrrad beim Fachhändler, der kann Ihr Altrad meist kostenlos zurücknehmen und entsorgen. Ein Fachhändler bietet häufig auch kostenlose Beratung und günstige Wartung.**

Vulkanasche, Island

Abfall gegen Schnecken

Wer das Glück hat, einen Garten sein Eigen nennen zu können, wird früher oder später mit zwei unvermeidlichen Tatsachen konfrontiert: Schnecken und Grillfesten. Das eine lässt sich mit dem anderen verbinden. Sammeln Sie die anfallende Asche des Grills, denn sie ist ein bewährtes Hausmittel gegen Schnecken. **TIPP: Ein weiteres Mittel gegen Schnecken sind Eierschalen. Asche und/oder zerbröselte Eierschalen, um Beete und Rabatten gestreut, halten Schnecken ab.**

Kakteen, Bolivien

Besuchen Sie Deutschlands Naturschutzgebiete

In Deutschland gibt es 15 Nationalparks, 14 Biosphärenreservate und über 90 Naturparks. Schutzgebiete sind Schaubühnen der Natur. Durch naturkundliche Führungen erleben Sie die Besonderheiten der Parks aus erster Hand. **TIPP: Es müssen nicht immer Nationalparks sein. Spannende naturkundliche Führungen werden auch in Biosphärenreservaten, Naturparks und Volkshochschulen angeboten. Wo das nächste Schutzgebiet in Ihrer Nähe ist, erfahren Sie unter www.europarc-deutschland.de.**

Zentralmassiv, Frankreich

13. Mai

Umwelt-Hotline

Bereits seit einem Vierteljahrhundert gibt es in vielen Regionen das Grüne Telefon. An diese Einrichtungen der Stadt- und Kommunalverwaltungen bzw. der Bezirksregierungen können sich die Bürger wenden, wenn sie Fragen haben zu den Themen Tierschutz, Lebensmittelsicherheit, Gewässer- und Hochwasserschutz, Abfallentsorgung und Immissionsschutz, aber auch, wenn die Nachbarn zu viel Krach machen. **TIPP: Grüne Telefone sind in vielen Gegenden längst nicht nur eine praktische Service- und Informationshotline geworden. Auch wenn Sie nur wissen wollen, welche Behörde für Ihr spezielles Problem zuständig ist, kann man Ihnen am Grünen Telefon weiterhelfen.**

Kegelschnecke (Detail), Indonesien

14. Mai

Barbarische Rezepte

»Foie Gras«, besser bekannt als Gänseleberpastete, wird produziert, indem man Mastgänsen Metallröhren in den Schlund stößt und sie mit großen Mengen Futter zwangsweise stopft, so dass sich ihre Leber vergrößert. »Foie Gras«-Farmen sind wegen ihrer Grausamkeit in vielen Ländern bereits verboten, darunter Großbritannien und die Schweiz. **TIPP: Wer für große oder besondere Feierlichkeiten einen Partyservice engagiert, sollte sich erkundigen, ob auch »Foie Gras« angeboten wird. Falls ja, sollten Sie erwägen, einen anderen Cateringservice zu beauftragen.**

Magadi-See, Kenia

Neue Elektroschrottverordnungen

Elektro- und Elektronikaltgeräte – kurz »E-Schrott« – enthalten erhebliche Mengen an Schadstoffen, wie etwa die Schwermetalle Blei, Cadmium, Quecksilber und Fluorchlorkohlenwasserstoffe (FCKW). Bei der Entsorgung kommunaler Abfälle stellen sie ein erhebliches Problem dar. E-Schrott ist allerdings auch eine wertvolle Ressource: Durch falsche Entsorgung gehen wertvolle Rohstoffe wie Edelmetalle oder sortenreine Kunststoffe verloren. Das neue Elektro- und Elektronikgerätegesetz schreibt seit dem 24. November 2005 Recyclingpflicht für Hersteller, Händler und Importeure vor. **TIPP: Elektrogeräte, die Sie nicht mehr nutzen möchten, dürfen spätestens ab dem 24. März 2006 nicht mehr in den Restmüll geworfen werden. In Ihrer Gemeinde erfahren Sie, wo Sie den E-Schrott abgeben dürfen.**

Strom, Grönland

Lagerfeuerromantik

Der Frühling ist da! An den Wochenenden strömen die Menschen in Naherholungsgebiete. Wenn dann am Abend gülden die Sonne am Horizont verschwindet, glühen der Grill und das romantische Lagerfeuer. In den meisten Nationalparks und Naturschutzgebieten sind allerdings offene Lagerfeuer grundsätzlich verboten. **TIPP: Erkundigen Sie sich bei Ihrer zuständigen Gemeinde und Kreisverwaltungsbehörde nach Möglichkeiten, in den Naherholungsgebieten Feuer zu machen. Falls Lagerfeuer erlaubt sind, bringen Sie eigenes Brennholz mit, und nutzen Sie bereits existierende Feuerstellen.**

Tassili du Hoggar, Algerien

Teppichboden färben

Teppichböden galten eine Zeit lang als »out«. Doch gerade in Haushalten mit Kindern erweisen sie sich als durchaus praktisch, da sie Geräusche dämmen, wärmer sind und weniger unfallträchtig als Parkettfußböden. Achten Sie aber beim Neukauf auf das GuT-Signet (Gemeinschaft umweltfreundlicher Teppichboden). GuT garantiert, dass bei der Produktion der Teppichböden keine gesundheits- oder umweltgefährdenden Schadstoffe eingesetzt werden. Weitere umweltrelevante Siegel bei Teppichen und Teppichböden sind das »TÜV-Umweltsiegel« und das »Greenline«-Zeichen. **TIPP:** **Bevor Sie Ihren alten Teppichboden entsorgen, weil er Ihnen nicht mehr gefällt, sollten Sie über eine Alternative nachdenken. Es gibt die Möglichkeit, den Teppichboden zu färben und ihm so ein neues Aussehen zu geben. Eines der Hausmittel zum Färben von Teppichboden ist verdünnte Holzbeize.**

Tigerhai, Australien

18. Mai

Obst und Gemüse aus der Region

Drei Viertel aller landwirtschaftlichen Erzeugnisse des 20. Jahrhunderts sind vom Markt verschwunden. Da sie oft nicht die EU-Normen für Mindestgröße und makelloses Aussehen erfüllen, dürfen zahlreiche köstliche alte Sorten nicht in Supermärkten und Obstläden vermarktet werden. Obst stammt allzu oft von intensiv bewirtschafteten Plantagen, wird früh gepflückt und künstlich zur Reife gebracht, bevor es in Zellophan verschweißt eine lange Reise in die Supermärkte antritt. Da bleiben meist nicht nur Geschmack und Nahrhaftigkeit auf der Strecke, oft wird die Umwelt durch die langen Transportwege – ganz zu schweigen von den eingesetzten Dünger- und Pflanzenschutzmitteln – geschädigt. **TIPP: Kaufen Sie knackiges Gemüse und Obst auf den Bauernmärkten in Ihrer Region. Damit schützen Sie die Umwelt und stärken die regionale Entwicklung.**

Landmannalaugar, Island

Europäischer Dschungel

Wenn von unseren »Nachbarn in Europa« die Rede ist, denken wir sicher nicht unbedingt an die Wayana-Indianer in Französisch-Guyana. Das Land zwischen Brasilien und Surinam besteht zu 97 Prozent aus tropischen Regenwäldern. Politisch betrachtet, ist es ein französisches Departement und gehört damit zur EU. Drei Indianervölker, die Wayampi, Teko und Wayana – insgesamt etwa 3600 Menschen –, leben hier. Durch einen geplanten Nationalpark soll ein Teil von ihnen umgesiedelt werden. TIPP: **Wenn Naturschutz gegen Menschenschutz ausgespielt wird, heißt es, besonders wachsam zu sein. Informieren Sie sich unter www.naturvoelker.org.**

Wayana-Indianer, Guyana

Energieverbrauch und Artenvielfalt

In Alaska schreitet die Klimaerwärmung etwa dreimal schneller voran als in den gemäßigten Zonen. Bei Tieren wie den Eisbären hat die Klimaerwärmung bereits jetzt massive Veränderungen im Wanderverhalten verursacht. Doch auch bei uns in den gemäßigten Zonen haben die Veränderungen eingesetzt. Durch den Anstieg der Temperaturen wandern immer mehr Pflanzenarten in die höheren Gebirgsregionen. In einzelnen Wipfeln hat sich die Artenanzahl mehr als verdoppelt, auf einzelnen Gipfeln sogar verdreifacht. **TIPP: Das klimarelevante Treibhausgas Kohlendioxid lässt sich durch viele Methoden reduzieren. Eines davon ist die Senkung des Energieverbrauchs durch die richtige Pflege des Kühlschranks, der in jedem Haushalt einen besonderen Energiefresser darstellt. Bis zu ein Drittel des Energieverbrauchs lässt sich reduzieren, wenn man die Kühlspirale mindestens einmal im Jahr gründlich reinigt.**

Gletscherspalten, Alaska

21. Mai

Sprit vom Acker

Zwischen 2004 und 2006 ist die Produktion von Biodiesel in Deutschland von 1,2 Millionen auf über zwei Tonnen angestiegen. Für 2007 wird ein Anstieg auf drei Millionen Tonnen prognostiziert. Der Sprit vom Acker gilt als CO_2-neutral, da bei seiner Verbrennung im Motor nur so viel CO_2 freigesetzt wird, wie die Pflanzen, aus denen er gewonnen wird, zuvor beim Wachstum aus der Atmosphäre aufgenommen haben. Biodiesel ist allerdings nicht unproblematisch, weil beim Anbau wertvolle Lebensräume für Wildtiere verloren gehen. **TIPP: Derzeit wird ein neuer Kraftstoff entwickelt, der wahrscheinlich schon in Kürze erhältlich sein wird: Sundiesel. Im Unterschied zu Biodiesel ist man bei Sundiesel nicht nur auf Raps angewiesen, sondern kann jegliche Biomasse (Pflanzen, Holz) verwenden. Wenn möglich, warten Sie noch eine Zeit lang mit der Anschaffung eines Dieselfahrzeugs.**

Rosa Flamingos, Kenia

Heiße Stellen im Haus

Die Insel Réunion liegt über einem »Hot Spot« im Erdmantel. Hot Spots (heiße Stellen) sind Magmakammern, die in der unteren Erdschicht, der »Asthenosphäre«, liegen. Die Erdschicht darüber wird als Lithosphäre bezeichnet und ist ständig in Bewegung. Schieben sich Brüche und Erdspalten in der Lithosphäre über Hot Spots der Asthenosphäre, dann entstehen Vulkane. Hot Spots geben auch eine Erklärung dafür, warum Vulkane, wie z. B. auf Hawaii, oft in Ketten aktiv werden.

TIPP: Auch bei Ihnen zu Hause gibt es »Hot Spots«, diese sind allerdings nicht vulkanischen Ursprungs, sondern können auf den mangelhaften hydraulischen Abgleich Ihrer Heizkörper zurückgeführt werden. Abgleich ist nötig, wenn manche Heizkörper in Ihrem Haus deutlich schneller warm werden als andere. Ihre Heizung arbeitet ineffektiv. Sprechen Sie Ihren Installateur auf den hydraulischen Abgleich an.

Piton-de-la-Fournaise-Vulkan, Réunion

23. Mai

Ersatz für Mottenkugeln

Manche Motten- und Käferarten haben bestimmte Textilien zum Fressen gern. Vor allem Teppiche und Textilien aus Wolle sowie Pelze sind gefährdet. In hohen Konzentrationen emittieren chemische Mittel wie Sprays, Kugeln, Papiere oder Strips in der Regel gesundheitsschädliche Dämpfe. Verwenden Sie zum Einmotten ätherische Öle in Form von Blüten und Blättern von Lavendel, Steinklee oder Waldmeister. Lassen Sie nur saubere Textilien über längere Zeit im Schrank hängen. Schweiß und andere Verunreinigungen ziehen Motten an. **TIPP:** **Bei bereits befallener Kleidung können Sie die Motteneier abtöten, indem Sie die Textilien ins Gefrierfach legen und nach dem Auftauen einfach ausklopfen.**

Great Barrier Reef, Australien

Lüften, um zu wässern

Damit Gemüse und Zierpflanzen im Garten besser wachsen können, sollte der Boden locker, krümelig und humusreich sein. Und er sollte vor allem Luft bekommen. Gut belüftete Gartenbeete bilden für Nutzinsekten ein ideales Substrat und nehmen bei Regenfällen das Wasser besser auf. Nährstoffkreisläufe bleiben so in Bewegung. **TIPP: Grabgabel und Sauzahn (eine einzahnige Grabharke) sind vielseitig einsetzbare Belüftungsgeräte für die kleine Gartenarbeit zwischendurch. Der Umgang mit diesen Geräten erfordert vergleichsweise wenig Kraftaufwand. Außerdem lassen sich so leichter und sparsamer Kompost und Zwischendüngung einbringen.**

Weiße Wüste, Ägypten

25. Mai

Entsiegelung schützt vor Überschwemmung

Die Versiegelung des Bodens durch den Bau von Straßen und Plätzen hat den natürlichen Kreislauf des Wassers gestört. Bis Regenwasser in Boden und Grundwasser gelangt, vergeht oft eine lange Zeit. Bei starken Regenfällen kommt es zu Schäden durch Überschwemmungen. **TIPP: Rücken Sie dem Asphalt mit der Hacke zu Leibe. Machen Sie sich stark für die Entsiegelung von Vorgärten und Hinterhöfen in Ihrer Umgebung. Engagieren Sie sich für Wiederbegrünungsmaßnahmen in Ihrer Gemeinde. Und vor allem: Meiden Sie die großen Gewerbegebiete außerhalb der Städte auf der »grünen Wiese«, die maßgeblich zur Versiegelung Deutschlands beitragen.**

Fluss, Island

Lauschangriff im Mozart-Monat

Der Wonnemonat Mai ist an Lieblichkeit kaum zu übertreffen. Ob auf Wiesen oder in den Wipfeln, ob über oder unter Wasser – überall herrscht Fortpflanzungszeit, überall grünt und blüht es, und vor allem summt, brummt, zirpt, zwitschert und tiriliert es! Nicht von ungefähr bezeichnete Erich Kästner diesen Monat deswegen als »Mozart des Kalenders«. TIPP: **Auwälder und naturnahe Stadtparks sind jetzt für eine Vogelstimmenwanderung besonders geeignet. Nehmen Sie sich viel Zeit und ein Fernglas mit auf Ihren nächsten Frühlingsspaziergang. Sie können auch einen Walkman mit einer Vogelstimmen-CD mit in die Natur nehmen, um so neue Stimmen zu lernen.**

Koralle, Australien

27. Mai

Weniger ist mehr

Dichtes, opulentes Grün ist nicht immer eine ideale Kulisse für Tierbeobachtung. Im Gegenteil. Durch Überdüngung wachsen viele Wiesen in der Landschaft viel zu dicht. Vögel wie Rebhühner und Wachteln brauchen jedoch für die Jungenaufzucht Bodeninsekten. Sie verschwinden aus den Regionen, wo das Gras besonders dicht wächst. Gebiete dagegen, die von Dünger und Bewässerung verschont werden (Mangel- oder Trockenstandorte), sind in der Regel für Bodeninsekten und damit für viele Vögel ein idealer Lebensraum. **TIPP: Suchen Sie beim nächsten Ausflug ins Grüne vor allem nach den trockenen, braunen Stellen in der Landschaft, und sperren Sie dann Augen und Ohren auf.**

Erg Ténéré, Niger

Wertvolles Altmetall

Altmetalle fallen im Haushalt u. a. als Verpackungen in Form von Getränke- und Konservendosen an. Die meisten Metalle, vor allem Weißblech und Aluminium, können gut wiederverwertet werden. Mit einer Verwertungsquote von derzeit weit über 60 Prozent nehmen die Metallabfälle sogar einen Spitzenplatz beim Recycling ein. Ein besonders wertvolles Altmetall ist Aluminium. Mit der Wirbelstromscheidung lässt sich heute aluminiumhaltiges Material leicht von den übrigen Verkaufsverpackungen trennen. Aluminium kann beliebig häufig und nahezu ohne Qualitätsverlust verwertet werden. Zum Einschmelzen von Aluminium wird bis zu 95 Prozent weniger Energie verbraucht als bei seiner Gewinnung aus Bauxit. **TIPP: Spätestens seit der Einführung des Dosenpfands im Jahr 2003 braucht man eigentlich kein so schlechtes Gewissen mehr beim Kauf von Getränkedosen zu haben. Sammeln Sie nicht nur Altpapier und Altglas, sondern auch Altmetall und Aluminium.**

Gefrorener See, Grönland

Sanfter Sound gegen Maulwürfe

Maulwürfe sind bemerkenswerte Tiere. Um es bei geringer Luftzufuhr unter Tage so lange auszuhalten, haben sie doppelt so viel Hämoglobin im Blut wie andere Säugetiere der gleichen Größe. Je nach Bodenbeschaffenheit können sie in einer Stunde sieben Meter weit graben. Doch selbst wenn diese interessanten Tierchen Ihren halben Garten durchwühlt und überall unansehnliche Haufen produziert haben, darf man ihnen kein Leid antun. Man darf sie aber verscheuchen. **TIPP: Maulwürfe weichen Bodengeräuschen aus. Ein Trick, sie zu vertreiben, sind leere Flaschen, die mit der Öffnung nach oben in das Gangsystem gesteckt werden. Der über den offenen Flaschenhals streichende Wind erzeugt Flötentöne, welche die Maulwürfe vertreiben. Auch im Handel sind akustische Vergrämungsgeräte erhältlich.**

Vulkankegel, Island

Vergolden statt verkohlen

Acrylamid ist eine geruchlose, kristalline chemische Verbindung, die bei Temperaturen über 100 °C aus Zucker- und Eiweißbausteinen gebildet wird. Es entsteht beim Bräunungsprozess, also beim Frittieren, Backen, Braten, Rösten und Grillen von Kartoffel- und Getreideprodukten. Acrylamid gelangt nicht nur über Lebensmittel, sondern auch über Zigarettenrauch in den Körper. Seit 2002 steht Acrylamid unter Verdacht, bei Menschen Krebs und Erbkrankheiten auszulösen. **TIPP: »Vergolden statt verkohlen«, so lautet die Grundregel für acrylamidarmes Braten, Backen, Frittieren und Rösten. Vermeiden Sie eine zu starke Bräunung der Produkte und ein zu starkes Austrocknen der Oberfläche.**

Skorpionfisch (Detail), Australien

Schimmelpilze

Schimmelpilze können auf fast jedem Lebensmittel wachsen, besonders wenn es warm und ein bisschen feucht ist. Der farbige und sichtbare Teil des Pilzes ist die Vermehrungswerkstatt der Pilze. Auf einer geeigneten Nahrungsgrundlage keimt der schlauchartige Schimmelpilz aus und wächst fast unsichtbar im Inneren des befallenen Lebensmittels weiter. Einige Schimmelpilzarten enthalten starke Gifte. **TIPP: Brotscheiben sowie Obst und Gemüse bieten dem Schimmel einen guten Nährboden. Daher diese Lebensmittel bei Befall immer vollständig wegwerfen. Marmelade mit einem Zuckergehalt von über 50 Prozent bietet dem Schimmel wegen des konservierenden Zuckers einen schlechten Nährboden. Daher reicht es, die verschimmelten Stellen großzügig abzuheben. Hartkäse ist so dicht, dass sich der Pilz ebenfalls nur wenig ausbreiten kann. Auch hier reicht es, den Schimmel großzügig abzuschneiden.**

Geysire, Kamtschatka, Russland

1. Juni

Werden Sie Abfalldetektiv

Wer einmal dabei zugesehen hat, wie Container für Glasrecycling geleert werden, bei dem könnte (fälschlicherweise) der Verdacht entstehen, dass ohnehin alles auf einem Lkw zusammengeworfen wird – und dass auch bei der Mülltrennung in Deutschland vieles nicht mit rechten Dingen zugeht. **TIPP: Mülltrennung in Deutschland ist eine Wissenschaft für sich. Sie beruht auf der 1991 in Kraft getretenen Verpackungsverordnung und wird von dem privatwirtschaftlich organisierten Unternehmen »Duales System Deutschland AG« mit großem Erfolg durchgeführt. Erkundigen Sie sich über die komplexen Feinheiten der Mülltrennung in Deutschland unter www.gruener-punkt.de.**

Schlammquellen, Island

2. Juni

Grüner Strom

Namen wie Ökostrom, Grüner Strom oder Naturstrom bezeichnen im Allgemeinen Elektrizität, die aus erneuerbaren Energien wie Solar-, Wind- oder Wasserkraft gewonnen wird. Das Angebot an Ökostrom ist unübersichtlich und wächst ständig. **TIPP: Eine Orientierungshilfe ist das von verschiedenen Umweltverbänden im Jahr 1999 eingeführte »Grüner-Strom-Label«, siehe auch www.gruenerstromlabel.de.**

Ounianga-Kébir-See, Tschad

Exkursionen gegen Übergewicht

Jedes fünfte Kind und jeder dritte Jugendliche in Deutschland ist zu dick. Übergewicht belastet die Gelenke und kann später zu Bluthochdruck, Diabetes und Herz-Kreislauf-Problemen führen. Außerdem leidet das Selbstwertgefühl. Dicke Kinder werden häufig gehänselt und verspottet. **TIPP: Werden Sie Ihrem Kind zuliebe aktiv, und sorgen Sie für gesunde Ernährung und gesunde Bewegung! Investieren Sie Ihre Zeit in gemeinsame Radtouren. Unterstützen Sie Ihre Kinder, wenn sie sich ein »cooles Bike« wünschen.**

Antarktische Halbinsel

Heimische Fische kennen lernen

Die Welt unter Wasser ist für die meisten eine unbekannte, geheimnisvolle Welt. Das gilt nicht nur für die Ozeane, sondern auch für die Unterwasserwelt vor der Haustür. Fische wie Zander oder Forelle kennen die meisten nur von der Fischtheke oder vom Speiseteller. Dass in unseren Gewässern interessante Arten wie Edelkrebse, Neunaugen, Zingel, Schrätzer und Streber hausen, bleibt den meisten verborgen. Viele wertvolle Kenntnisse und Erkenntnisse über unsere heimische Fischwelt erhält man in der Regel während der mehrmonatigen Ausbildung zum Angelfischer.

TIPP: Wenn Ihr Kind sich für Angelfischerei interessiert, unterstützen Sie es dabei. Vielleicht haben Sie auch selbst Lust, den Angelschein zu machen. Engagieren Sie sich bei Angelvereinen, die Biotopverbesserungsmaßnahmen aktiv unterstützen. Meiden Sie jedoch Angelvereine, die die Mitgliederbeiträge nur dafür ausgeben, einen künstlichen Fischbestand durch Besatzmaßnahmen zu erhalten.

Walhai, Australien

Halogenlampen sind sparsam, aber keine Energiesparlampen

Bei einer Brenndauer von 8000 Stunden entlasten Energiesparlampen die Umwelt um 288 Kilogramm Kohlendioxid. Verglichen mit herkömmlichen Glühbirnen, verbrauchen Energiesparlampen bei gleicher Helligkeit nur etwa ein Fünftel an Energie. Wenn Sie nur eine einzige 60-Watt-Glühbirne durch eine gleich helle Energiesparlampe ersetzen, sparen Sie, die gesamte Nutzungsdauer berücksichtigt, über 30 Euro. TIPP: **Für Räume mit mäßigem Beleuchtungsbedarf (z. B. Flur) eignen sich auch Halogenlampen. Das sind zwar keine Energiesparlampen, aber sie verbrauchen weniger Strom als herkömmliche Glühbirnen.**

Lava, Kilauea-Vulkan, Hawaii

Regranulate auf dem Vormarsch

Technische Fortschritte haben dazu geführt, dass aus gebrauchten Kunststoffverpackungen Produkte entstehen, die nicht nur ökonomischer sind, sondern auch belastbarer und langlebiger als herkömmliche Baustoffe. Bevor Kunststoffverpackungen als neue Produkte wieder auf den Markt kommen, wird ein Großteil der (mit dem Grünen Punkt gekennzeichneten) Verpackungen zu »Regranulaten« verarbeitet. Das körnige Material ist eine kostengünstige Alternative zu Granulaten aus primärer industrieller Produktion. **TIPP: Es muss nicht immer Holz sein. Auch neuartige Kunststoffe können Bestandteil einer umweltschonenden Kreislaufwirtschaft sein.**

Sandstein, Tschad

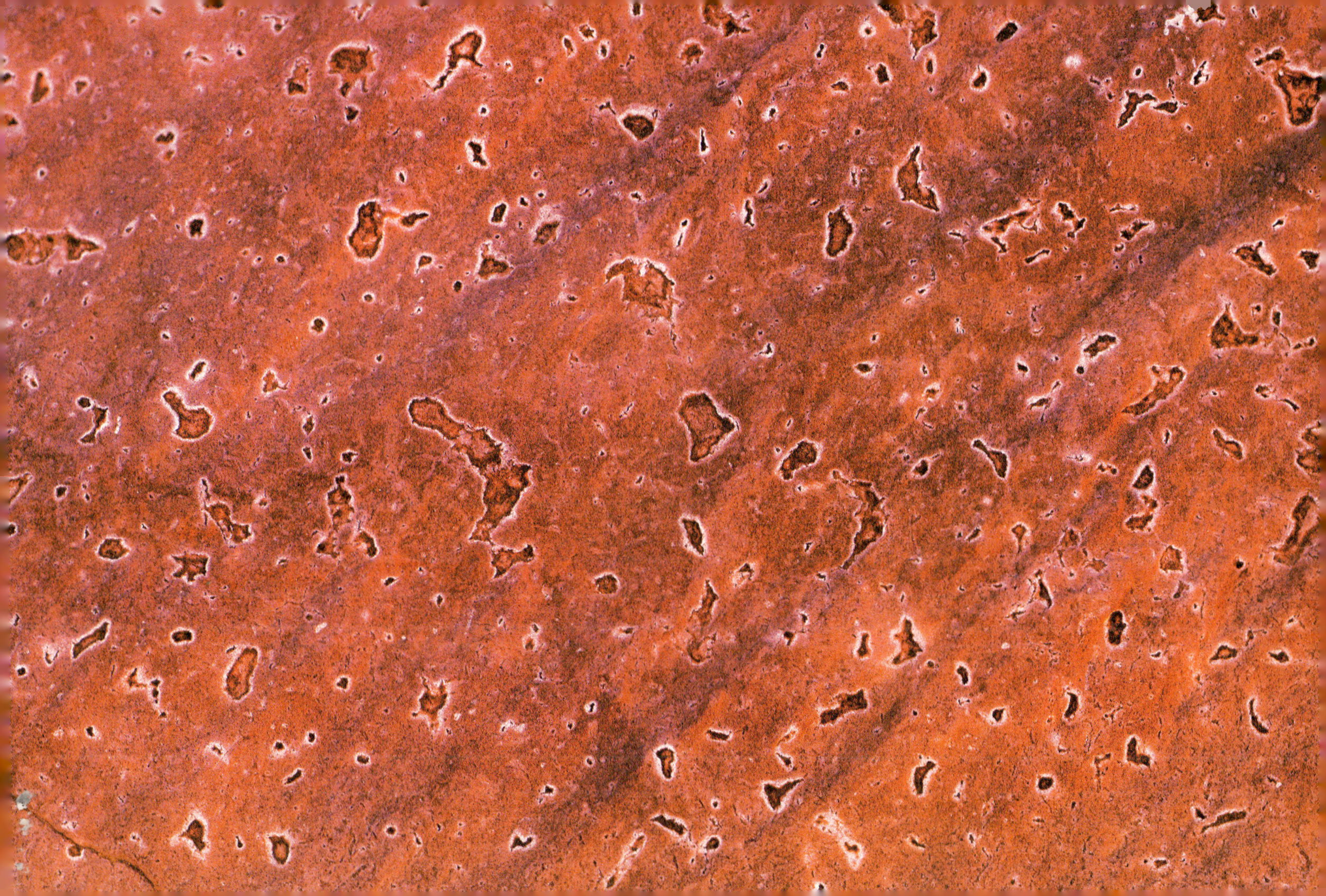

Mischen Sie Ihren Biomüll

Rund ein Drittel unseres Hausmülls besteht aus organischen Abfällen. Sie können im eigenen Garten oder in modernen Kompostieranlagen zu wertvollem Kompost verarbeitet werden. In den Biomüll gehören nur biologisch abbaubare Abfälle, also Obst- und Gemüsereste inklusive Schalen, Teebeutel, Kaffeesatz samt Filter, Essensreste, Knochen, Eierschalen und verdorbene Lebensmittel. Wurst, Fleisch und Fisch sollten aber nur in geringen Mengen beigefügt werden. Unbedingt geeignet sind auch Gartenschnitt, Rasenschnitt und Laub oder verblühte Blumen. **TIPP: Trockene Bestandteile im Biomüll sind wichtig, um Geruchsbildung zu vermeiden. Zusätzlich kann der Nassmüll mit kompostierbaren Papierservietten und Haushaltstüchern sowie zerkleinerten Eierkartons durchmischt werden.**

Vulkan Pinatubo, Philippinen

8. Juni

Kormoran-Diskussion

Wie Pelikane gehören Kormorane zur Ordnung der Ruderfüßler. Doch im Gegensatz zu Pelikanen kommen Kormorane auch in Deutschland vor und werden hier sogar immer häufiger. Kormorane sind effektive Fischjäger, die bis zu 15 Meter tief tauchen können. Dies liegt daran, dass ihr Gefieder im Gegensatz zu den meisten Wasservögeln nicht wasserabweisend ist. Um ihr Gefieder zu trocknen, sitzen sie dann oft aufgerichtet mit ausgespannten Flügeln am Ufer oder auf Bäumen und Felsen. **TIPP:** **Weil Kormorane in Deutschland wieder häufiger geworden sind, ärgern sich vor allem die Berufsfischer, die den Abschuss der Vögel fordern. Beteiligen Sie sich an der Diskussion auf den Seiten des Naturschutzbunds Deutschland (NABU).**

Pelikan, Galapagos

Mustertourist

Tourismus hat sich zum weltgrößten Wirtschaftszweig entwickelt. Besonders die Entwicklungsländer können davon auf vielfältige Weise profitieren. Touristen bringen Devisen ins Land und sorgen für Arbeitsplätze, sie können auch die Ursache für die Wiederbelebung von Traditionen sein. Die Gesellschaft für Technische Zusammenarbeit (GTZ) zeichnet die »Beste Website für nachhaltige Tourismusprodukte« aus. Den ersten Preis hat www.chumbeisland.com gewonnen, der zweite Preis ging an www.esperanza-tours.de und der dritte an www.amazontrailsperu.com. **TIPP: Planen Sie Ihren Urlaub per Internet, und besuchen Sie dabei auch die GTZ-Preisträger.**

Great Barrier Reef, Australien

10. Juni

Ozon einmal so und einmal anders

Ozon ist ein Sauerstoffmolekül aus drei Sauerstoffatomen und wirkt als sehr starkes Oxidationsmittel. Das Ozon in der Ozonschicht in 20 bis 50 Kilometer Höhe schützt das Leben vor der schädlichen UV-Strahlung der Sonne. Bodennah schädigt Ozon dagegen den Menschen, aber auch Pflanzen und Ökosysteme. In den Sommermonaten und insbesondere bei schönem Wetter werden oft hohe Ozonwerte erreicht. **TIPP: Drosseln Sie besonders bei Autofahrten an heißen Sommertagen Ihre Durchschnittsgeschwindigkeit. Noch besser: Verzichten Sie an solchen Tagen ganz aufs Auto.**

Ounianga-Sérir-Seen, Tschad

Heißes aus dem Erdinnern

Die Temperatur der Erdkruste steigt mit zunehmender Tiefe um 25 bis 30 °C pro Kilometer an. Besonders in vulkanischen Regionen sind hohe Temperaturen bereits in geringen Tiefen anzutreffen. An diesen Orten kann Erdwärme energetisch genutzt werden. In Mecklenburg-Vorpommern gibt es geothermische Heizwerke, die ca. 1600 Wohnungen und öffentliche Einrichtungen mit Fernwärme versorgen. Andere Länder nutzen Erdwärme noch stärker: In Paris werden z. B. 100 000 Wohneinheiten mit Erdwärme aus einer Tiefenbohrung beheizt. Island, wo 37 aktive Vulkane den Untergrund aufheizen, könnte in spätestens 30 Jahren völlig unabhängig von fossilen Brennstoffen sein. **TIPP: Je weiter der Warmwasserboiler von den Orten der Warmwassernutzung entfernt ist, desto mehr Energie wird vergeudet. Das bedeutet auch: Je länger die Heißwasserrohre sind, desto besser sollten sie isoliert sein.**

Heiße Quellen, Island

Naturnaher Waldbau

Ein »guter Wald« zeichnet sich dadurch aus, dass er sich trotz Bewirtschaftung möglichst nahe am Naturzustand befindet. Das Ziel der Waldbewirtschaftung ist heute meistens nicht mehr die Monokultur, sondern ein artenreicher, robuster Mischwald. Im naturnahen Wald stehen Bäume unterschiedlichen Alters und verschiedener Arten nebeneinander. Bei naturnahen Wäldern sind auch die Kraut- und Moosschicht sowie die Tierwelt deutlich artenreicher als in Monokulturen.

BUCHTIPP: Es gibt leider nicht sehr viele Bücher zu naturnahem Waldbau, die auch für Laien verständlich sind. Sehr zu empfehlen ist folgender Band: Wolfgang Scherzinger, *Naturschutz im Wald* (1996).

Köcherbaum, Namibia

Gemütlichkeit hat ihren Preis

Die industrielle Revolution im 19. Jahrhundert brachte uns zahlreiche Erfindungen, die das Leben in den Jahrzehnten danach für viele Menschen deutlich erleichterten, darunter der Eisschrank (1856), das Telefon (1861), der Dynamo (1866), die Glühbirne (1879), der Elektromotor (1878) und der Benzinmotor (1883). Mit den Erfindungen schnellte auch der Energiebedarf nach oben. Einen besonders hohen Energieverbrauch haben Klimaanlagen. Dies liegt sowohl am Kompressor, der zum Betrieb der Wärmepumpe benötigt wird, als auch an den Ventilatoren, die für die Zirkulation der Raumluft durch die Klimaanlage notwendig sind. **TIPP: Menschen gehören zu den Säugetieren, sie sind wechselwarm und können sich der Umgebung anpassen, um die Körpertemperatur konstant zu halten. Geben Sie Ihrem Körper Gelegenheit, sich der Umgebungstemperatur anzupassen. Ein drastischer Wechsel von Sommerhitze zu »angenehmer Kühle« fördert Erkältungen.**

Packeis, Grönland

14. Juni

Meernatur im Urlaub

Im Urlaub zieht es viele Menschen ans Meer und in die Natur. In Deutschland können Sie beides zusammen haben. Immerhin fünf Nationalparks am Meer gibt es bei uns: Nationalpark Vorpommersche Boddenlandschaft und Nationalpark Jasmund an der Ostsee; an der Nordsee liegen die Nationalparks Niedersächsisches Wattenmeer, Hamburgisches Wattenmeer und Schleswig-Holsteinisches Wattenmeer. **TIPP: Besuchen Sie die Küstennationalparks Deutschlands unter www.wattenmeer-nationalpark.de, www.nationalpark-vorpommersche-boddenlandschaft.de und www.nationalpark-jasmund.de.**

Andaman-Meer, Indien

Glas aus Primärproduktion recyceln

Der Hauptgrund, Glas zu recyceln, ist nicht die Seltenheit des Rohstoffes (Sand, Kalkstein, Feldspat und Soda), sondern die Energie, die benötigt wird, um Glas neu zu gewinnen. In den meisten Glasfertigungsprozessen sind Temperaturen von über 1000 °C nötig. **TIPP: Derzeit wird nur ein Fünftel des Altglases in Deutschland wiederverwertet. Führen Sie auch Glas aus der Primärproduktion, z. B. Speiseölflaschen, den Altglasbehältern zu.**

Erg Ténéré, Niger

16. Juni

Lernen Sie Leitungswasser schätzen

»Trinkwasser in Flaschen geht ab wie eine Rakete«, so ließ ein Branchensprecher kürzlich verlauten. Bis 2009, so die Prognose, werde der Verbrauch von den zumeist in Kunststoff verpackten Wasserflaschen um 46 Prozent zunehmen. **TIPP: Wenn Sie nicht gerade in einem Altbau mit Wasserleitungen aus Blei leben, gibt es nicht den geringsten Grund, Leitungswasser zu misstrauen. In Sport- und Ausrüstungsläden gibt es coole Trinkwasserflaschen für unterwegs. Informieren Sie sich über die Wasserqualität in Deutschland unter www.forum-trinkwasser.de.**

Wasserspiegelung, Australien

17. Juni

Schmetterlinge schützen mit Raupenfutterpflanzen

Bei Raupen ist das Urteil »eklig« rasch gesprochen. Dass es gerade jetzt besonders viele von ihnen gibt, liegt daran, dass sich die Eier aus der ersten Tag- und Nachtfaltergeneration in Raupen verwandelt haben. Juni ist die Zeit der Brennnesselraupen. Die Brennnessel stellt nämlich die Nahrungsgrundlage für die Raupen von Schmetterlingsarten wie Kleiner Fuchs, Admiral, Landkärtchen und C-Falter dar. **TIPP: Lassen Sie stets eine Ecke Brennnesseln in Ihrem Garten wachsen, und besorgen Sie sich ein Schmetterlingsbestimmungsbuch.**

Nacktschnecke, Australien

Reifen recyceln

Eine umweltfreundliche und kostengünstige Alternative zu einer Neubereifung stellen runderneuerte Autoreifen dar. Der Einsatz von modernen Technologien hat den Standard von Qualität und Sicherheit wesentlich verbessert. Durch die Wiederverwendung gebrauchter Reifen wird die Ressourcenproduktivität (Ausnutzung von Material und Energie) gegenüber dem Neureifen verdoppelt. Nur ein Drittel der zur Herstellung eines Neureifens erforderlichen Rohölmenge ist für die Reifen-Runderneuerung erforderlich. **TIPP: Runderneuerte Reifen sind zwischen 15 und 50 Prozent billiger als Neureifen. Achten Sie auch bei den Runderneuerten auf das Umweltzeichen »Blauer Engel«. Damit werden lärmarme und Kraftstoff sparende Reifen gefördert.**

Golf von Goubet, Dschibuti

19. Juni

Totholz im Wasser

Abgestorbene, stehende Bäume im Wald sind wichtig für viele Insekten- und Vogelarten. Doch auch waagrecht und im Wasser liegend kommen Bäume der Tierwelt zugute. Ein Baum, der ins Wasser fällt, ändert das Fließverhalten eines Baches radikal. Der Rückstau des Wassers führt einerseits oberhalb des Hindernisses zu einer Verringerung der Strömungsgeschwindigkeit und andererseits bei Ablenkung der Strömung gegen den Uferrand zur Ufererosion. Neue Steilufer entstehen, die ideal sind für Eisvögel, die dort häufig brüten. Durch die Verlangsamung und den Stillstand der Strömung entstehen Laichplätze für Fisch und Lurch. **TIPP: Nach stürmischen Nächten kann man an naturnahen Bachläufen frisch gefallene Bäume entdecken. Falls die Bäume liegen bleiben dürfen, können Sie verfolgen, wie schnell sich die Natur um den Baum herum verändert. Siehe auch www.totholz.de.**

Andaman-Insel, Indien

Runderneuerung im Wald

Als am 18. Mai 1980 der Mount St. Helens explodierte, wurden etwa 60 000 Hektar Wald zerstört. Doch in dem vermeintlich »zerstörten Wald« stellte sich neue Vegetation ein. Auch viele Vogel- und Säugetierarten fanden hier ein neues Zuhause. Eine ähnliche Renaissance der Natur kann man im Nationalpark Bayerischer Wald miterleben. Durch Windwurf und Borkkäfer starben auf einer Fläche von 3600 Hektar die Bäume ab. Viele Menschen waren darüber anfangs schockiert. Inzwischen kann man in dem vermeintlich abgestorbenen Hochlagenwald frisches, opulentes Grün und viele interessante Wildkräuter bewundern. **TIPP: Besuchen Sie den Hochlagenwald im Nationalpark Bayerischer Wald (www.nationalpark-bayerischer-wald.de).**

Mount-St.-Helens-Vulkan, USA

21. Juni

Sonnenwärme zum Wäschetrocknen nutzen

Mit einer Fläche von 2 381 741 Quadratkilometern ist Algerien sechseinhalbmal so groß wie die Bundesrepublik Deutschland und Afrikas zweitgrößter Staat. Die Durchschnittstemperatur von 22 °C im Juni entspricht dem mediterranen Klima. Ganz so warm ist es im Sommer in Deutschland zwar (noch) nicht, hier liegen die Temperaturen im Juni bei etwa 17 °C. Gut geschleuderte Wäsche, die bei diesen Temperaturen im Freien aufgehängt wird, ist in der Regel innerhalb weniger Stunden trocken. TIPP: **Ein Wäschetrockner verbraucht fast dreimal so viel Energie wie eine durchschnittliche Waschmaschine bei 60 °C.**

Tassili n'Adjer, Algerien

Krieg um Energie

Altiplano ist eine Hochebene in Bolivien, wo multinationale Firmen – sehr zum Ärger der heimischen Bevölkerung – Erdgas und Erdöl nach USA verkaufen. Seit Jahren toben hier Verteilungskämpfe um Erdöl und Erdgas zwischen Argentinien, Bolivien und Chile. Die Unruhen sind ein deutlicher Hinweis darauf, dass die Kriege der Zukunft wahrscheinlich um Erdöl und Erdgas ausgefochten werden.

TIPP: Überprüfen Sie auch Ihre »kleinen« Stromverbrauchsgewohnheiten: Ein 1000-Watt-Föhn, der täglich fünf Minuten gebraucht wird, trägt mit ca. 30 Kilowattstunden zur Jahresstromrechnung bei; ein 10-Watt-Elektrowecker, der ständig läuft, verursacht ca. 88 Kilowattstunden. Mehr dazu unter www.thema-energie.de.

Altiplano, Bolivien

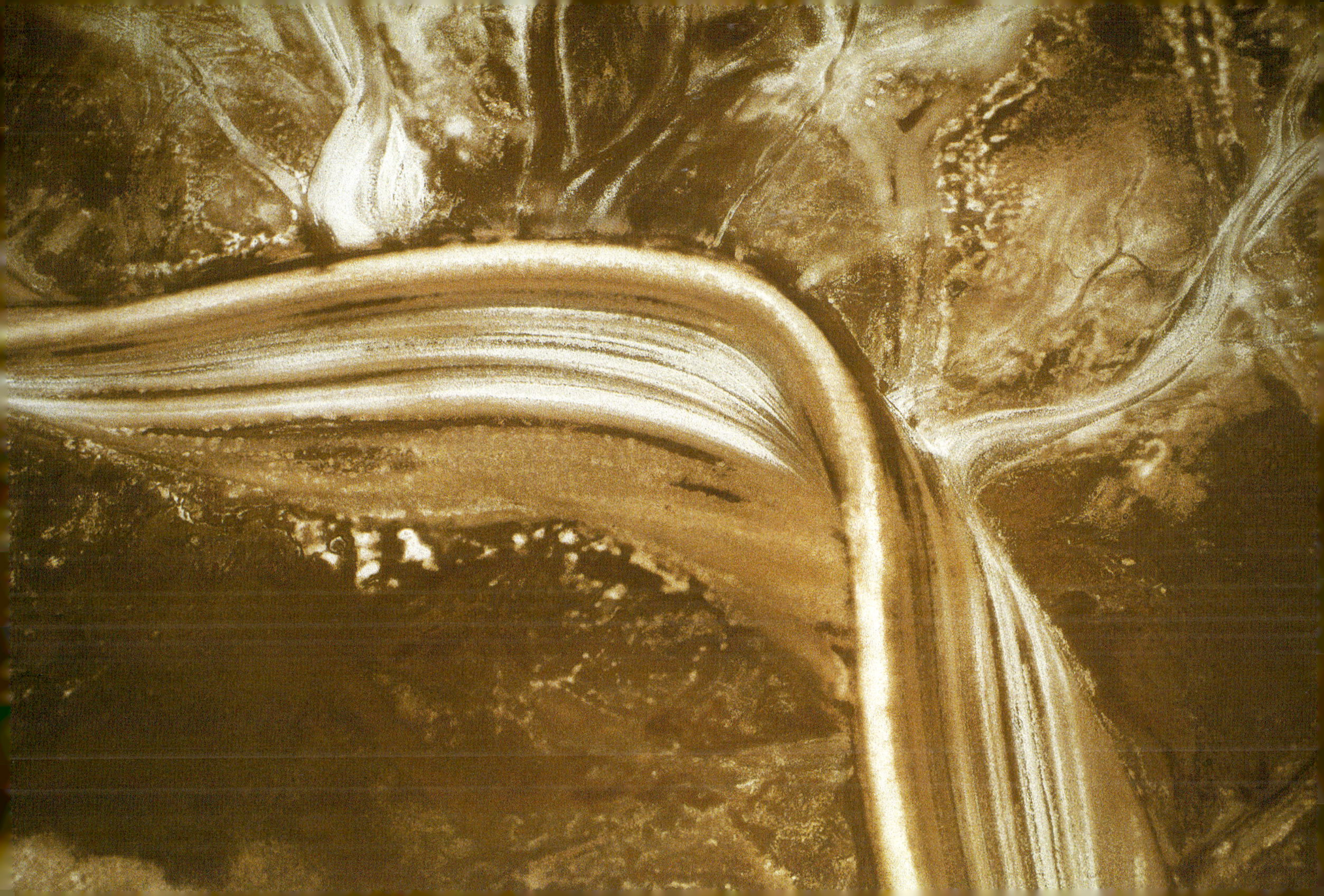

23. Juni

Fische aus ökologischem Fang

Réunion ist vulkanischen Ursprungs und gehört zum Archipel der Maskarenen; die Insel liegt östlich von Madagaskar im Indischen Ozean und gilt unter Unterwasserfotografen als Geheimtipp. In den Riffs tummeln sich fotogene Papageien-, Trompeter- und Clownfische. **TIPP: Es gibt auch nachhaltigen Fischfang. Fragen Sie nach Fischprodukten, die das MSC-Zeichen tragen (Marine Stewardship Council). Der MSC wurde 1997 als Reaktion auf die weltweite Fischereikrise gegründet und ist eine unabhängige, gemeinnützige Organisation, die sich weltweit für eine nachhaltige und verantwortungsvolle Fischerei einsetzt. Fragen Sie bei Einzelhändlern und Restaurants nach Fischen, die unter dem MSC-Siegel gefangen wurden. Infos unter www.fischinfo.de.**

Piton-de-la-Fournaise-Vulkan, Réunion

24. Juni

Plastik statt Jute

Polyethylenterephthalat, kurz PET, ist ein vielfältig einsetzbarer, leichter und bruchfester Kunststoff, der bei immer mehr Verpackungen verwendet wird und sich gut recyceln lässt. Recyceltes PET ist die Grundlage vieler neuer Produkte wie Fasern, Folien oder Verpackungen und Freizeitkleidung, darunter auch Fleece. **TIPP: Achten Sie auch beim Kauf von Kleidung darauf, dass bei der Produktion Umweltstandards erfüllt wurden. Selbst Kleidung aus Kunstfasern gibt es mittlerweile mit entsprechendem Ökosiegel zu kaufen, wie etwa »Öko-Tex Standard« oder »Eco Proof«.**

Gletscherkorridor, Grönland

25. Juni

Aktivurlaub und Spritverbrauch

Einfach nur so am Strand herumzuliegen, das entspricht für viele Menschen längst nicht mehr ihrer Vorstellung von einem idealen Urlaub. Aktivurlaub ist »in«. Der Pkw wird voll gepackt mit Ausrüstungen aller Art. Ob Tauch- oder Bergsteigerausrüstung oder Fahrräder – alles muss mit, und was nicht in den Kofferraum passt, wird auf dem Gepäckträger befestigt. Sie sollten wissen, dass ein beladener Gepäckträger den Benzinverbrauch um etwa 15 Prozent erhöht. **TIPP: Falls Sie öfter mit viel Gepäck in den Urlaub reisen, wäre ein Autoanhänger eine lohnende Anschaffung. Sie können aber auch per Bahn verreisen und die Ausrüstung bequem als Fracht vorausschicken.**

Schneesturm über Eiskappe, Grönland

26. Juni

Sparsame Kühlschränke

Ein Kühlschrank in einem Zweipersonenhaushalt verbraucht 320 Kilowattstunden pro Jahr. Achten Sie beim Neukauf von Kühlschränken auf Energieeffizienz. Manche Geräte erfüllen die neuen Energieeffizienzklassen A+ und A++ und verbrauchen zwischen 25 Prozent und 64 Prozent weniger Strom als vergleichbare Geräte der Energieeffizienzklasse A. **TIPP: Eine Liste der sparsamsten Kühlschränke finden Sie unter www.energy-plus.org.**

Eisberge, Grönland

27. Juni

Verbannen Sie Glühbirnen ins Bad und in den Keller

Ein Vierpersonenhaushalt verbraucht etwa 450 Kilowattstunden allein für die Beleuchtung. Das macht über ein Zehntel des durchschnittlichen Stromverbrauches aus. TIPP: **Besonders in Wohnräumen, in denen Beleuchtung lange benötigt wird, sind Energiesparlampen zu empfehlen. Herkömmliche Glühbirnen sind nur da sinnvoll, wo sie zwar oft ein- und ausgeschaltet werden, aber nur kurz brennen, etwa in Badezimmer oder Keller.**

Tierspuren in Vulkanasche, Philippinen

Fleisch von glücklichen Kühen

Die Statistik zeigt deutlich: Vegetarier leben länger; aber auch moderater Fleischkonsum beeinträchtigt die Lebenserwartung nicht. Fünfmal am Tag Obst und Gemüse und höchstens zwei- bis dreimal pro Woche Fleisch und Wurst sind wichtige Grundregeln für eine gesunde und vollwertige Ernährung. Wer weniger Fleisch isst, kann sich teueres Fleisch aus artgerechter und ökologischer Tierhaltung leisten. **TIPP: Antworten auf Verbraucherfragen zum Thema Rindfleisch finden Sie auf der Website www.all-about-beef.de. Achten Sie beim Kauf auf die Gütesiegel Fleisch aus artgerechter Tierhaltung oder ökologischer Aufzucht. Das Fleisch ist zwar teurer, aber der Geschmack macht die Einbußen im Geldbeutel wieder wett.**

Kaiman, Venezuela

Tagebuch des Klimawandels

Der astronomische Sommeranfang ist definiert als der Zeitpunkt, an dem die Sonne ihren höchsten Sonnenmittagsstand erreicht hat. Man spricht auch vom Sommer-Solstitium oder der Sommersonnenwende. Der »phänologische« Kalender dagegen richtet sich nicht nach dem Sonnenstand, sondern der Entwicklung der Natur. Danach ist das Jahr in zehn Jahreszeiten unterteilt und orientiert sich an charakteristischen Entwicklungsstadien bestimmter Zeigerpflanzen. Der Vollfrühling ist vorbei, wenn Apfel und Flieder verblüht sind. Der phänologische Frühsommer dagegen beginnt, wenn Holunder, Waldgeißbart und Türkenmohn blühen. **TIPP: Führen Sie ein phänologisches Tagebuch. Wann blühen in diesem Jahr Waldgeißbart, Holunder und Türkenmohn, wann im nächsten? Gibt es Veränderungen, die bereits auf einen zeitigeren Sommerbeginn und damit auf eine Klimaerwärmung schließen lassen?**

Wüste in Namibia

Ahnenforschung für Balkonpflanzen

Der auch als Flammenblume bekannte Phlox war Staude des Jahres 2005. Phlox gehört zur Familie der Himmelsleitergewächse und blüht von Frühjahr bis Herbst, in Rabatten ebenso wie in Balkontöpfen. Je nach Sorte erreicht diese Pflanze eine Höhe von 5 bis 140 Zentimetern. Ursprünglich stammt sie aus Nordamerika und besiedelt dort ein Gebiet, das sich von Illinois im Norden bis nach Georgia in den Südstaaten erstreckt und damit verschiedene Klimazonen abdeckt. Dies bedingt die große Variabilität des Phlox. Im 18. Jahrhundert kamen die ersten Phloxarten nach Europa. Durch Züchtungen seit dem 19. Jahrhundert entstand ein umfangreiches Sortiment. **TIPP: Lernen Sie Ihre Kulturpflanzen kennen. Viele Gartenpflanzen sind kultivierte Wildpflanzen, die viele Eigenschaften ihrer Urahnen haben.**

Eisberge, Grönland

Richtig gießen

Rasen sprengen oder nicht, das ist die Frage. Wassermangel des Rasens lässt sich daran erkennen, dass sich die Halme auch einige Stunden nach dem Begehen nicht wieder aufrichten. Beurteilen Sie die Großwetterlage richtig. Denn selbst trockenes, gelbliches Gras regeneriert sich beim nächsten Regen von allein. **TIPP: Gießen Sie nur in den frühen Morgen- oder späten Abendstunden, damit möglichst wenig Wasser verdunstet. Achten Sie beim Wässern von Sträuchern darauf, dass die Blätter nicht benetzt werden. Tropfen auf den Blättern wirken wie Brenngläser.**

Akazie, Niger

2. Juli

Richtig tanken

Nicht nur das Fahren schädigt die Umwelt, sondern auch das Tanken. Hierbei verdampfen jährlich hunderttausende Tonnen von Treibstoff, davon allein ca. 150 000 Tonnen Benzol. **TIPP:** **Überprüfen Sie, ob Ihre Stammtankstelle mit Saugrüsseln ausgerüstet ist. Ein Aktivkohlefilter im Tank sorgt zusätzlich dafür, dass keine Benzindämpfe nach außen dringen.**

Eiszapfen, Grönland

3. Juli

Phosphate in Geschirrspülmitteln

Phosphate sind Salze der Phosphorsäure. Sie kommen als Phosphatmineralien an vielen Orten der Erde vor und sind wichtige Nährstoffe für Mensch, Tier und Pflanze. Große Mengen von Phosphaten gelangen mit den kommunalen Abwässern und durch die Landwirtschaft (Dünger) in die Gewässer. Dadurch kommt es in vielen Gewässern zur Eutrophierung (Überversorgung mit Nährstoffen) und zur Algenblüte. **TIPP: Phosphate wurden 1986 in Deutschland aus den Waschmitteln verbannt, nicht aber aus vielen Geschirrspülmitteln. Achten Sie auch bei Geschirrspülmitteln auf die Inhaltsstoffe. Wählen Sie sparsame Dosierungstabletten (Tabs).**

Heiße Quelle, Kamtschatka, Russland

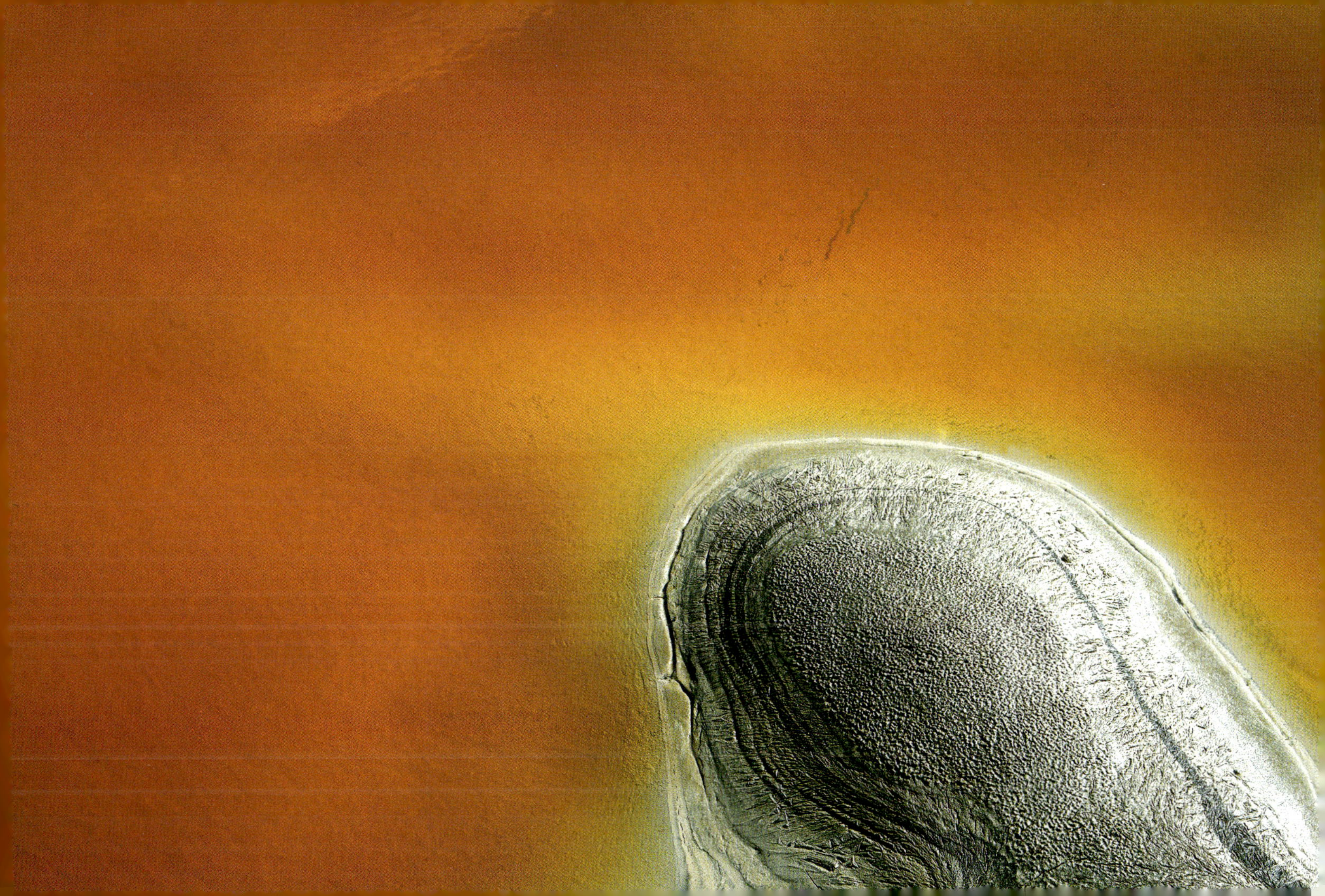

Druckerpatronen recyceln

Die Deutschen verbrauchen über 120 Millionen Tonerkartuschen im Jahr. Davon landen mehr als 90 Millionen Kartuschen im Restmüll. Und das, obwohl Druckerpatronen zwei- bis dreimal wiederverwertet werden können. **TIPP: Sie können Tonerkartuschen wiederauffüllen lassen. Es besteht auch die Möglichkeit, Druckerpatronen zugunsten der Kinderhilfestiftung zu sammeln (siehe www.tonerberg.de). Zusätzliche Infos gibt es bei der »European Toner & Inkjet Remanufacturers Association« (www.etira.org).**

Tintenfisch, Australien

5. Juli

Organisierte Entsorgung

Problematischer oder sperriger Müll, der in privaten Haushalten anfällt, kann bei den zentralen Sammelstellen abgegeben werden. In den Wertstoffhöfen bzw. Entsorgungsparks stehen Container zur getrennten Sammlung des Problemmülls bereit. Fachleute sind Ihnen bei der Entsorgung behilflich. Entgegengenommen werden Farbreste, Batterien, Elektro- und Elektronikschrott, Sperrmüll, Kunststoffe, aber auch Papier und Pappe können in größeren Mengen abgegeben werden.

TIPP: Helfen Sie auch Freunden und Nachbarn bei der Entsorgung von Sperrmüll. Kündigen Sie deshalb frühzeitig an, wenn Sie das nächste Mal zum Entsorgungspark fahren.

Wüste in Namibia

6. Juli

Plastik gegen Plastik

Im Jahr 1946 ließ der Amerikaner Earl Silas Tupper erstmals Haushaltsgegenstände aus Kunststoff (Polyethylen) in Haushalts- und Eisenwarengeschäften als Tupperware vertreiben. Die erste Tupperware-Schüssel ging als »Wunderschüssel« in die Geschichte ein. In den 1950er Jahren wurden diese Plastikwaren ausschließlich über Heimvorführungen, den sogenannten Tupperware-partys, vertrieben. Längst ist Tupperware auch unter anderen Namen im Fachhandel erhältlich.

TIPP: Vermeiden Sie die Verwendung von Einweggeschirr in der Mittagspause. Besonders Salate und ähnliche Gerichte lassen sich bequem in mitgebrachter Tupperware abwiegen. Die von zu Hause mitgebrachte Gabel ersetzt das Plastikbesteck.

Tungurahua-Vulkan, Ecuador

Leben im Teich

Im Hochsommer ist die Exkursion zu Teichen und Tümpeln ergiebig. Bereits mit bloßem Auge lassen sich die vielfältigen Tierarten über und unter der Oberfläche erkennen. Man sieht viele Wasserinsekten wie Gelbrandkäfer und Wasserläufer. Kaulquappen von Fröschen und Kröten stellen von der Kiemenatmung auf die Lungenatmung um, viele haben bereits kleine Gliedmaßen ausgebildet. Juli ist der Monat, in dem besonders viele winzig kleine Frösche und Kröten herumhüpfen.

TIPP: Nehmen Sie Kescher, Becherlupe und Bestimmungsbuch mit auf den Frühlingsspaziergang.

Glacier-Nationalpark, USA

Abbeizen: Heiße Luft ist besser als scharfe Chemie

Abbeizmittel werden zum Ablösen alter Farben und Lacke benutzt und enthalten oft gesundheitlich problematische Inhaltsstoffe, wie z. B. Ammoniak, Dichlormethan, Natriumhydroxid und Kaliumhydroxid. Der Einsatz von chlorierten Abbeizern (Dichlormethan) ist unzulässig und nur mit Ausnahmegenehmigung möglich. **TIPP: Wenn möglich, sollten Sie versuchen, die Beschichtungen mechanisch zu entfernen, z. B. durch Abschleifen, mit Hilfe von Wasserdampf oder durch Sandstrahlen (Fassaden). Bei kleineren Holzflächen kann der Einsatz einer Heißluftpistole sinnvoll sein.**

Weiße Wüste, Ägypten

Gartennostalgie schont die Nerven der Nachbarn

Für die meisten Geräte- und Maschinenarten gilt die Geräte- und Maschinenlärmschutzverordnung. Davon sind nicht nur Baumaschinen, Betonmischer, Hydraulikhämmer, Bau- und Reinigungsfahrzeuge, Kehrmaschinen und Kettensägen betroffen, sondern auch Gartengeräte wie Laubbläser, Rasenmäher, Motorschredder, Grastrimmer oder Heckenscheren. In der Mittagszeit zwischen 13 Uhr und 15 Uhr sowie morgens und am Abend ist der Betrieb untersagt. **TIPP: Lärm wird von vielen Bürgerinnen und Bürgern als großes Umweltproblem wahrgenommen. Altmodische Gartengeräte wie Sense, Heckenschere und Laubrechen schonen die Nerven Ihrer Nachbarn.**

Sandstein, Tschad

10. Juli

Steppen in Deutschland

Mit ihren Hufen, Rüsseln, Stoßzähnen und vor allem durch ihre geballte Kraft sorgen Elefanten dafür, dass sich Savanne und Grasland in Afrika nicht in Wald verwandeln. Auf diese Weise werden Lebensräume auch für Antilopen, Geparden und viele andere Arten erhalten. In Deutschland gibt es keine Elefanten, die Steppen und Graslandschaft erhalten. Wiesen werden entweder durch die Mahd erhalten oder durch Beweidung mit Schafen und Rindern. Ausschlaggebend für die Blütenvielfalt auf den Wiesen ist eine extensive (zurückhaltende) Mahd und Beweidung. Je öfter das Gras gemäht oder abgefressen wird, desto weniger Arten bilden Samen aus. Extensiv bewirtschaftete Almen und Schäferwiesen blühen bunter als intensiv bewirtschaftetes Weideland.

TIPP: Lernen Sie Blumenwiesen in Ihrer Nähe oder Ihrem Lieblingsausflugsgebiet näher kennen. Bringen Sie in Erfahrung, welche Pflanzenarten dort zur Blüte kommen.

Elefanten, Kenia

11. Juli

Bakterien leben lassen

Viele Mittel zur Reinigung des Hauses sind aggressiv und belasten die Umwelt. Die meisten lassen sich ersetzen durch milde Allzweckreiniger, Scheuermittel, Schmierseife, Essig oder Gallseife. Auch mechanische Reinigungsmittel wie Besen, Staubsauger, Saugglocke, Rohrreinigungsspirale, Bürste und Lappen, insbesondere aus Mikrofasern, sorgen wirksam für Sauberkeit. Desinfektionsmittel im Haushalt sind grundsätzlich überflüssig. Die antibakteriellen Wirkstoffe belasten nicht nur die Umwelt unnötig, sondern bergen auch gesundheitliche Risiken, da sie im Verdacht stehen, die natürliche Hautflora des Menschen aus dem Gleichgewicht zu bringen. **TIPP: Bakterien wie *Staphylococcus epidermidis* leben auf einem dünnen Film auf unserer Haut und schützen vor dem Eindringen von schädlichen Bakterien, etwa den als Eitererreger bekannten *Streptococcus aureus*. Besonders bei empfindlicher Haut sollte man lieber einmal weniger als zu viel duschen.**

Erosion, Kamtschatka, Russland

12. Juli

Mitfahrgemeinschaften

Die USA sind nicht nur das Land der unbegrenzten Möglichkeiten, sondern auch das Land der Akronyme, also von Abkürzungen wie FBI, CIA und HOV. Letzteres ist in Deutschland noch weitgehend unbekannt und bedeutet »High Occupancy Vehicle« und bezieht sich auf die Straßenunterteilung in Staaten wie Kalifornien. Dort sind auf bestimmten Straßen eigene Spuren (»HOV Lanes«) ausschließlich jenen Autos vorbehalten, in denen mindestens zwei Personen sitzen. Auf diese Weise wird besser ausgelasteten Autos Vorfahrt gewährt. **TIPP: Bilden Sie Mitfahrgemeinschaften mit Ihren Bürokollegen. Das schont die Umwelt und Ihren Geldbeutel.**

Packeis, Alaska

Letzte Chance, um Glühwürmchen zu beobachten

Glühwürmchen – genauer: Leuchtkäfer – fliegen von Anfang Juni bis Anfang Juli, jetzt ist also die letzte Chance, die kleinen Tierchen zu beobachten. In der späten Dämmerung beginnen sie zu leuchten und sind etwa bis Mitternacht aktiv. Am häufigsten findet man sie in abwechslungsreicher Landschaft mit extensiv genutzten Hecken und Waldrändern. Die Larven der Glühwürmchen ernähren sich von Schnecken, nachdem sie diese durch Giftbisse gelähmt haben. Neben einer abwechslungsreichen Landschaft brauchen Glühwürmchen vor allem Kleinstrukturen wie Ast- und Laubhaufen, in denen Larven der Leuchtkäfer Versteckmöglichkeiten und Nahrung finden. **TIPP: Belassen Sie eine Ecke Wildnis in Ihrem Garten, davon profitieren nicht nur Glühwürmchen, sondern auch viele andere Arten wie Igel und Vögel.**

Patagonien, Argentinien

Expedition ins Mummelland

Die Gelbe Teichrose wurde früher in der Volksmedizin als Antiaphrodisiakum, also als Mittel zur Unterdrückung des Fortpflanzungstriebes, verwendet. Insbesondere Priester und Mönche, die dem Zölibat unterliegen, dürften diese Pflanze genutzt haben. Die Gelbe Teichrose, die auch als Mummel bekannt ist, wächst in stehenden und langsam fließenden Gewässern mit hoher Nährstoffversorgung. **TIPP: Suchen Sie auf der Landkarte Ihrer Umgebung nach unregulierten Altgewässern und spärlich frequentierten Seen. Leihen Sie sich für einige Stunden ein Ruderboot oder ein Kanu, und versuchen Sie, Mummelland von der Wasserseite her kennen zu lernen. Befolgen Sie etwaige Hinweise und Beschränkungen, falls sich die Mummeln am Rand eines Naturschutzgebietes befinden.**

Niger, Mali

Lernen Sie die Naturschutzgesetze kennen

Die Naturschutzgesetze der Bundesländer regeln u. a. das Betretungsrecht der freien Landschaft. Für Bayern beispielsweise heißt es in Paragraph 22, dass alle Teile der freien Natur, insbesondere Wald, Bergweide, Fels, Ödungen, Brachflächen, Auen, Uferstreifen und landwirtschaftlich genutzte Flächen, von jedermann unentgeltlich betreten werden dürfen. In Paragraph 16 des Gesetzes heißt es allerdings auch, dass Tiere nicht mutwillig beunruhigt oder belästigt werden dürfen.

TIPP: Besorgen Sie sich das Naturschutzgesetz Ihres Bundeslandes, und lernen Sie die Freiheiten, Rechte und Pflichten kennen, die Sie draußen in der Natur haben.

Banc d'Arguin, Mauretanien

Der kleine Müll in der Landschaft

Mit der Ausrede, die Abfälle seien ja ohnehin biologisch abbaubar, landet bei manchen Ausflügen in die Natur der kleine Müll in der Landschaft. Doch die »Verzierungen« in der Natur halten länger, als man denkt. Bis sich ein Papiertaschentuch komplett zersetzt hat, vergehen drei Monate. Normales Papier braucht vier Monate, Kaugummi sogar fünf Jahre, eine Aluminiumdose ist erst nach zehn Jahre verschwunden, eine Plastikflasche nach gut 100 Jahren. Eine Glasflasche braucht sogar mehrere Jahrhunderte, bis sie wirklich Teil der Natur geworden ist. **TIPP: Im Sommer gehören nicht nur Kopfbedeckung, Sonnencreme und Regenanorak in den Rucksack, sondern unbedingt auch Plastikbeutel für Abfälle. Selbst schnell abbaubare Abfälle wie Eierschalen, Orangen- und Bananenschalen gehören nicht in die Landschaft.**

Alter Vulkankegel, Bolivien

Nachhaltige Bananen

Die Ökobilanz so mancher Banane ist nicht die beste: Oft genug wurde sie unter miserablen Arbeitsbedingungen unter Verwendung von gefährlichen Schädlingsbekämpfungsmitteln gezüchtet. Verschmutzung des Wassers und Entwaldung begleiteten ihre Produktion. Durch den Abfluss von Pestiziden, Kunstdüngern und Sedimenten werden Fische getötet, Flussläufe verändert und Korallenriffe vernichtet. Gruppen, die sich um die nachhaltige Produktion von Bananen durch Zertifizierungsstandards bemühen, sind u. a. die »Rainforest Alliance« und »Transfair« (Fairtrade-Siegel). **TIPP: Kaufen Sie nur Bananen aus nachhaltiger Produktion. »Transfair« hat dabei strengere Zertifizierungsstandards als »Rainforest Alliance«, ist aber nicht ohne weiteres erhältlich und meist auch teurer (www.rainforest-alliance.org und www.transfair.org).**

Mantisgarnele, Australien

18. Juli

Ungeliebte Hausfreunde

Auch in sauberen Haushalten stellen sich gelegentlich unwillkommene Gäste ein; sie kommen als blinde Passagiere in Haferflocken vor (Lebensmittelmotten) oder laufen über den Küchenboden oder lauern in einer dunklen Kellerecke (Laufspinnen). **TIPP: Freunden Sie sich mit der Spinne an. Denn Spinnen im Haus jagen und fressen Insekten. Bei Befall von Lebensmittelmotten hilft es, wenn Sie die Schränke mit Essigwasser auswaschen und danach die Ritzen mit dem Föhn behandeln, um die letzten Eier abzutöten. Um einen erneuten Befall zu verhindern, bewahren Sie alle trockenen Lebensmittel in geschlossenen Behältern auf. Gegen Motten helfen auch ausgelegte Lorbeerblätter. Weitere Tipps unter www.kammerjaeger.de.**

Eiskristalle, Grönland

Sonnige Lebensräume für Orchideen

Mager- und Trockenrasen sind unverzichtbare Lebensräume für viele seltene und gefährdete Tier- und Pflanzenarten. Über 180 bedrohte Pflanzenarten, darunter nahezu die Hälfte der heimischen Orchideenarten, kommen in diesen Lebensräumen vor. Außerdem beherbergen sie eine besonders reichhaltige Tierwelt, darunter Schmetterlinge und Vögel. **TIPP: Lernen Sie diese seltenen Lebensräume in Ihrer Umgebung kennen. Erkundigen Sie sich bei den Naturschutzorganisationen wie BUND und NABU oder bei der Volkshochschule, ob es Führungen zu Trockenbiotopen gibt.**

Piton-de-la-Fournaise-Vulkan, Réunion

Pflanzencharakter kennen lernen

Auch im naturnahen Wald trifft man zurzeit auf interessante Pflanzen. Typische Kleinode der Wälder und Waldränder sind Akelei, Fingerhut, Weidenröschen, Eisenhut und Indisches Springkraut. Letzteres gilt bei vielen Naturschützern als unerwünschter Neophyt (lat.: neue Pflanze), da es aus Asien stammt und häufig einheimische Pflanzen verdrängt. **TIPP: Machen Sie sich mit dem Charakter von Pflanzen vertraut. Merken Sie sich die Stelle, an der bestimmte Pflanzen im Wald vorkommen, und schauen Sie im nächsten Jahr wieder vorbei. Wächst die Art wieder dort? Wurde sie von anderen verdrängt? Oder hat sie sich aggressiv vermehrt?**

Olympic-Nationalpark, USA

Umwelterziehung durch die Nase

»Riechen, schmecken, staunen – Natur hautnah erleben«, so lautet das Motto, mit dem der NABU (Naturschutzbund Deutschland) Kinder begeistern will. Sie sollen die Natur mit allen Sinnen, nicht nur mit Hilfe des Verstandes kennen lernen. Diese erzieherische Strategie wird in der Umweltbildung gerade bei Kindern angewandt. Erwachsene dagegen werden meist über die Ratio (Vernunft) angesprochen. **TIPP: (gilt auch für Erwachsene): Nehmen Sie beim Spazierengehen Ihre Umwelt mit allen Sinnen wahr. Brechen Sie Ästchen ab, und riechen Sie an der Bruchstelle. Zerreiben Sie Blätter zwischen Ihren Fingern. Viele Arten wie Minze, Salbei, Bärlauch und Kamille, Waldmeister oder Kirsche zeichnen sich durch einen charakteristischen Geruch aus.**

Meereskrokodil (Detail), Australien

Mehr Druck auf die Reifen, um weniger zu verbrauchen

Zu geringer Reifendruck erhöht den Rollwiderstand. Schon bei 0,4 bar zu geringem Druck steigt der Benzinverbrauch um etwa zehn Prozent an. Auch ein abgefahrenes Profil erhöht den Verbrauch. Denken Sie auch daran, rechtzeitig auf Sommerreifen umzusteigen, denn Winterreifen haben einen höheren Rollwiderstand. **TIPP: Überprüfen Sie den Reifendruck insbesondere vor langen Fahrten, und achten Sie darauf, dass immer der vom Hersteller empfohlene Druck eingehalten ist.**

Gletscher, Grönland

Wie riecht Ihr Regenmantel?

Bei der Herstellung zahlloser Kleidungsstücke wird mit viel Chemie gearbeitet. Durch Schwitzen, Talgproduktion, Deos, Parfums, Hautcremes können sich Farbstoffe aus der Kleidung lösen, in die Haut eindringen und dort Gesundheitsprobleme verursachen. Das passiert am ehesten dort, wo Kleidungsstücke eng anliegen, und an den Stellen, wo man schwitzt: Nacken, Achseln, Bund, Schritt, Ellbogen, Kniekehlen, Füße. **TIPP: Riechen Sie an Ihrer neuen Kleidung, bevor Sie sie kaufen. Billigkleidung riecht oft nach Chemikalien, die beim nächsten Regen oder durch Schwitzen von Ihrer Haut aufgenommen werden.**

Uzon-Caldera, Kamtschatka, Russland

24. Juli

Beachten Sie die Dosierungsanleitung

Die Hersteller von Wasch- und Reinigungsmittel geben sich verstärkt umweltbewusst. Auf Druck der Gesetzgeber, aus Sorge um das eigene Image, aber auch dank Fortschritten in der Produktentwicklung können Wasch- und Reinigungsmittel spezifischer und zielgenauer eingesetzt werden. **TIPP: Während bei harmlosen Hausmitteln wie Essig und Kernseife das Motto »Viel hilft viel« unproblematisch ist, sollte man bei den modernen Reinigungsmitteln stets die Dosierungsanleitung beachten.**

Eisberg, Grönland

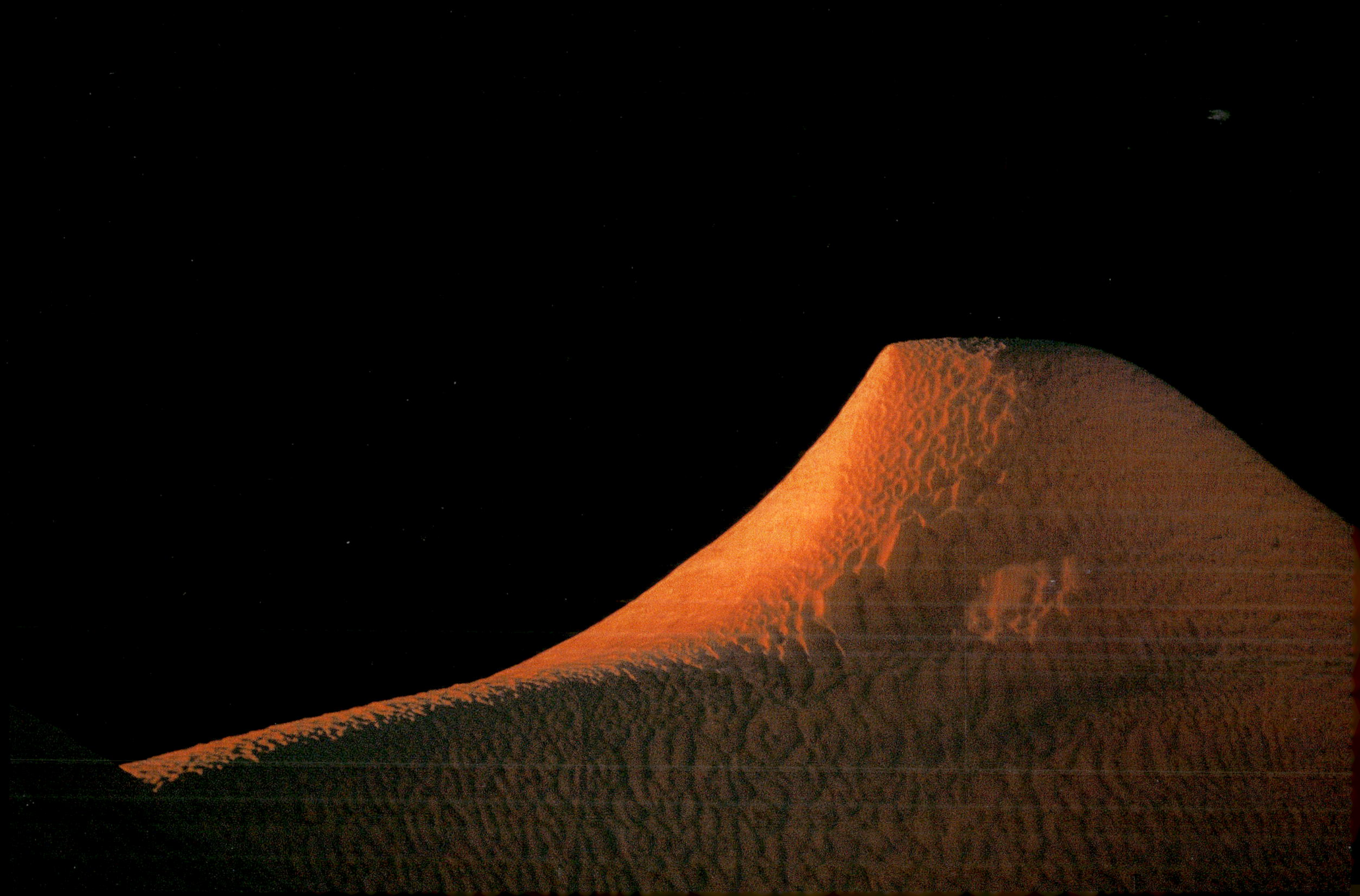

25. Juli

Bio-Wirtschaften im Einklang mit der Natur

Das Grundprinzip des Ökolandbaus ist die Kreislaufwirtschaft. Der Nährstoffkreislauf jedes Betriebes sollte möglichst geschlossen sein: So wächst das Futter für die Nutztiere auf Feldern und Grünland, die später mit dem Mist der Tiere wieder gedüngt werden. Es darf nur so viel Vieh gehalten werden, wie mit betriebseigenem Futter ernährt werden kann. Seit 2001 werden Lebensmittel aus ökologischer Landwirtschaft mit dem staatlichen Biosiegel gekennzeichnet. Das kleine sechseckige Zeichen mit dem Schriftzug »Bio« bedeutet außerdem, dass bei der Aufzucht keine Hormone, Leistungsförderer und kein gentechnisch verändertes Futtermittel verwendet wurden. **TIPP: Wie artgerecht ist Ihr letztes Mittagessen aufgewachsen? Lernen Sie Biolandbau persönlich kennen, und erkundigen Sie sich nach Möglichkeiten, Produkte direkt vom Hof zu erwerben. Die Prinzipien des ökologischen Landbaus sind im Internet nachzulesen unter www.bio-siegel.de und www.oekolandbau.de.**

Sangay-Vulkan, Ecuador

26. Juli

Bildungsurlaub am Mittelmeer

Jährlich machen 100 Millionen Touristen an der Adria Urlaub. Doch das Mittelmeer ist nicht nur eine Urlaubsregion, sondern auch Heimat vieler Tierarten, wie zum Beispiel von Delfinen, Walen, Meeresschildkröten und Mönchsrobben. Auch die Vegetation an der Küste und im Landesinnern ist einen Umweg wert. **TIPP: Gehen Sie vor Ihrer nächsten Reise an die Adria in die Bibliothek oder in einen Buchladen, und besorgen Sie sich einen Naturreiseführer der Region, in die Sie reisen möchten.**

Elefant durchquert einen Meereskanal,
Andaman-Inseln, Indien

Fischessen mit Verstand

Aus ernährungsphysiologischer Sicht ist Fisch leicht, bekömmlich, eiweißreich und fettarm. In Deutschland wird der Fischkonsum zu 75 Prozent durch Hering, Seelachs, Rotbarsch, Makrele, Seehecht und Forelle gedeckt. Andere beliebte Fischarten sind Scholle, Dorade, Red Snapper und Kabeljau. **TIPP: Machen Sie sich kundig, woher der Fisch auf Ihrem Teller stammt und wie sich die Bestände entwickeln. Unter www.fischinfo.de können Sie Fischporträts herunterladen und viel über die Fischwirtschaft erfahren. Die Arten, die im Bestand fallen, sollten nicht auf Ihrem Einkaufszettel stehen.**

Ein Schwarm Bonitos, Australien

28. Juli

Zwei Welten für jeden

Wenn jeder Mensch auf der Erde die gleichen Ansprüche hätte wie ein durchschnittlicher Amerikaner, dann bräuchte die Erdbevölkerung vier Welten, um über die Runden zu kommen. Wenn jeder Bürger wie ein Europäer lebte, dann bräuchte man zwei Welten. Doch weil es keine zwei (oder vier) Welten gibt, hat der statistische Durchschnitt in anderen Ländern außerhalb von USA und Europa nicht genug, um halbwegs vernünftig leben zu können. **TIPP: Um zu vermeiden, dass man im Supermarkt mehr kauft als nötig, sollten Sie zwei Dinge beherzigen: Gehen Sie nie hungrig zum Einkaufen, und machen Sie vorher einen Einkaufszettel.**

Landmannalaugar, Island

29. Juli

Vegetarisch grillen

Die Zeiten sind vorbei, in denen Vegetarier bei Grillpartys abseits stehen mussten oder gerade mal mit einer heißen Kartoffel in Aluminiumfolie abgespeist wurden. Ob Bratlinge, Gemüsewürste oder Vegi-Burger: Es gibt fast nichts, was es im Feinkostgrillmarkt nicht gibt. **TIPP: Probieren Sie doch mal vegetarische Grillspießchen mit marinierten Tofuwürfeln, Zucchini, Pilzen, Peperoni, Zwiebeln und Auberginen.**

Reste von Eisschollen, Island

30. Juli

Umweltinformationsnetz Deutschland

Das Umweltinformationsnetz Deutschland (GEIN = German Environmental Information Network) ist eine Sammelbörse für Umweltinformationen in Deutschland. Mittlerweile haben sich dort über 70 Anbieter aus Behörden und anderen Einrichtungen aus Bund und Ländern zusammengeschlossen. Bereits über 140 000 einzelne Webseiten sowie Schnittstellen zu Datenbanken stehen hinter diesem Angebot. **TIPP: Besuchen Sie das Umweltinformationsnetz unter www.gein.de.**

Ibisse, Venezuela

Schildkröten beobachten

Auch in Deutschland gibt es Wasserschildkröten, genauer Sumpfschildkröten. Die Europäische Sumpfschildkröte wird bis zu 20 Zentimeter lang, lebt in naturnahen stehenden oder langsam fließenden Gewässern und zählt zu den Allesfressern. Sie frisst Kaulquappen, Insektenlarven, tote Fische und Aas ebenso wie Wasserpflanzen. **TIPP: Altarme von Flüssen mit viel Ufervegetation und im Wasser liegende Baumstämme gehören zu den Lieblingslebensräumen der Europäischen Sumpfschildkröte. Wie alle Reptilien lassen sich Sumpfschildkröten am einfachsten beim Sonnenbaden beobachten. Verwechseln Sie die Europäische Sumpfschildkröte nicht mit der Rotwangenschmuckschildkröte, die aus den USA stammt und meist aus Terrarienhaltungen illegal angesiedelt wurde.**

Suppenschildkröte, Australien

Autowaschen und Umwelt

Die Deutschen sind Weltmeister im Autowaschen. Jedes Jahr geben sie etwa viereinhalb Milliarden Euro für die Wagenpflege aus – mehr als alle anderen Länder dieser Welt. Dabei sollte man das Auto aber so selten wie möglich waschen. So wird der Lack geschont und vor allem auch Wasser und Waschmittel gespart. Die Autowäsche in der Waschstraße ist in jedem Falle umweltschonender als die Reinigung per Hand. Denn mit dem Waschwasser und dem Reinigungsmittel wird am Wagen anhaftender Schmutz (Öl, Teer, Ruß, Fett, Schwermetalle) mobilisiert und gelangt in den Boden und damit auch ins Grundwasser. Die Waschanlagen sind üblicherweise mit Schlammabtrennung, Öl-/Benzinabscheidern und Filtern (Quarzsand, Aktivkohle, Filtervliese) zur Abtrennung von Schmutzstoffen ausgestattet. **TIPP: In der Waschanlage gibt es verschiedene Programme, wählen Sie das kürzeste und schonendste.**

Magadi-See, Kenia

Mehr Tourismus in die Alpen

Die Alpen sind der größte Natur- und Kulturraum Mitteleuropas. In acht Ländern prägen sie Landschaft und Leben der Alpenbevölkerung. Ihre faszinierende Schönheit zieht Urlauber aus der ganzen Welt an. Extreme klimatische und geologische Besonderheiten machen die Alpen zugleich zu einem besonders empfindlichen und gefährdeten Ökosystem. Dazu kommt, dass die Landwirtschaft in den Alpen in erheblichem Maße von Entwicklungen auf dem europäischen Markt betroffen ist. Kleinbäuerliche Betriebe (Almen) können der Konkurrenz nicht mehr standhalten und werden aufgegeben. In vielen Regionen sorgt einzig der Tourismus für Einnahmen. **TIPP: Machen Sie Urlaub im Gebirge. Suchen Sie dabei besonders die entlegenen Regionen auf, die touristisch noch nicht durch breite Straßen und Seilbahnen erschlossen sind.**

Ruwenzori-Berge, Uganda

3. August

Informieren Sie sich über gentechnisch veränderte Organismen

Die Gefahren, die für die Gesundheit der Verbraucher von gentechnisch veränderten Erzeugnissen ausgehen, sind alles andere als klar umrissen. Sicher aber ist, dass schon jetzt mit dem Wind und durch Bienen und andere Tiere, durch Menschen und Maschinen Samen unbeabsichtigt über weite Distanzen getragen werden. Durch die Pollen einer gentechnisch veränderten Maissorte kann Insektizid verbreitet werden, das auch Schmetterlinge schädigt. **TIPP: Informieren Sie sich im Online-Praxishandbuch zu Bioprodukten ohne Gentechnik (www.bioxgen.de oder www.keine-gentechnik.de). Infos der Gentechnikbranche gibt es auch unter www.transgen.de.**

Cranberries, USA

Benzinverbrauch im Leerlauf

Ein Mittelklassewagen verbraucht bei zähflüssigem Verkehr mit laufendem Motor auf 100 Kilometer hochgerechnet 25 Liter. Wird der Motor bei Stillstand abgeschaltet, reduziert sich der Verbrauch auf 7,5 Liter. **TIPP: Nutzen Sie den Stillstand des Verkehrs, und stellen Sie den Motor ab! Im Stau, an Bahnübergängen und auch im innerstädtischen Betrieb lohnt sich der Motorstopp ab einer Standzeit von ca. 20 Sekunden.**

Tropisches Tiefdruckgebiet, Tasmanien

Benzinverbrauch durch Fahrzeugelektrik

Wer glaubt, dass der im Auto verbrauchte Strom ohnehin durch die Lichtmaschine generiert wird, hat die Rechnung ohne den erhöhten Benzinverbrauch gemacht: Je mehr elektrische Geräte im Auto eingeschaltet sind, umso schwerer dreht sich die Lichtmaschine und umso höher ist der Verbrauch. Licht, Gebläse, Scheibenwischer, Radio, beheizte Heckscheibe, alles verbraucht Strom. Laut ADAC frisst die Klimaanlage zwischen 0,3 und 0,7 Liter pro Stunde. Eine Standheizung verbraucht zwischen 0,2 und 0,5 Litern pro Stunde. **TIPP: Auch die Fahrt bei heruntergekurbeltem Fenster erhöht den Benzinverbrauch. Klimaanlage und Heizung sorgen für ein angenehmes Raumklima und damit auch für Sicherheit. Doch sollten Klimaanlage, Sitzheizung, Heckscheibenheizung erst dann eingeschaltet sein, wenn sie wirklich gebraucht werden.**

Sandstein (Detail), Tschad

Zeit für Nationalparks

Als im Jahr 1871 der Yellowstone-Nationalpark gegründet wurde, mussten drei Indianerstämme der Schoschonen umgesiedelt werden. In den meisten Nationalparkregionen Deutschlands und weltweit ist das Verhältnis zwischen Naturschutz und ortsansässiger Bevölkerung nicht durch solche radikalen Enteignungen geprägt. Im Gegenteil, häufig stellt der Nationalparktourismus eine willkommene Einnahmequelle dar. **TIPP: Viele Touristen besuchen die Nationalparks nur für Kurzurlaube. Dadurch entgehen ihnen häufig die schönsten Naturspektakel. Eine längere Verweildauer im Nationalpark sorgt darüber hinaus auch für mehr Einkünfte im Fremdenverkehr.**

Yellowstone-Nationalpark, USA

Entsorgung von Öl und Speisefett

Kippen Sie altes Speiseöl und Speisefett nicht in den Ausguss. Fett und Öle erschweren den Reinigungsprozess der Kläranlagen. Die zur Wassersäuberung eingesetzten Bakterien werden durch Fett neutralisiert. Korrekt entsorgtes Altöl und Fett können sogar zu Biodiesel recycelt werden. **TIPP: Sammeln Sie Speisefett und Speiseöl gesondert, und bringen Sie es zur Altölsammelstelle oder zum Giftmobil.**

Sand, Mauretanien

8. August

Die täglichen kleinen Ölkatastrophen

Wasserverschmutzung durch Havarien von Öltankern ist besonders spektakulär, stellt aber mit etwa fünf Prozent nur einen geringen Anteil der Ölbelastung der Gewässer dar. Über 50 Prozent der Meeresverschmutzung durch Öl entsteht durch Hausabfälle und Siedlungsabwässer. Ein Großteil davon wiederum wird durch abfließendes Regenwasser verursacht, das die Ölrückstände auf Straßen und Parkplätzen in die Kanalisation schwemmt. **TIPP: Kontrollieren Sie regelmäßig den Platz, an dem Sie Ihr Auto parken, nach Ölflecken. Lassen Sie auch kleine Lecks an Ihrem Auto sofort beheben.**

Rosa Flamingos, Kenia

Alte Kühlschränke nicht länger nutzen als notwendig

Wird ein neuer Kühlschrank für die Küche angeschafft, findet der alte oft als Zweitgerät Verwendung in Büro, Keller oder Wochenendhaus. Das scheint vernünftig, ist es aber nicht. Denn ein altes Kühlgerät benötigt sehr viel mehr Strom als ein energieeffizientes Neugerät. Ein handelsüblicher Kühlschrank von 1993 (140 Liter) verursacht jährliche Stromkosten von stattlichen 50 Euro. Ein modernes Gerät mit dem gleichen Fassungsvermögen verbraucht nur etwas mehr als 20 Euro pro Jahr.

TIPP: Erkundigen Sie sich beim Neukauf, ob Ihr alter Kühlschrank abgeholt wird. Neuerdings bieten Kühlschrankentsorger ihre Dienste auch im Internetauktionshaus Ebay preisgünstig an.

Wüste in Namibia

10. August

Strahlenfrei durch die Nacht

Als Elektrosmog bezeichnet man elektromagnetische Strahlung, der wir infolge fortschreitender Elektrifizierung in immer größerem Umfang ausgesetzt sind. Elektrosmog steht im Verdacht, dass er unser Immun-, Hormon- und Nervensystem beeinflusst. **TIPP: Im Alltag und im Büro können wir uns kaum vor elektromagnetischer Strahlung schützen. Bei der Nachtruhe, im Schlafzimmer, sollten Sie Ihrem Körper aber eine elektromagnetische Auszeit gönnen. Vermeiden Sie Radiowecker, Fernseher im Stand-by-Modus und stromführende Kabel unter dem Bett oder am Kopfende. Auch das Mobiltelefon hat im Schlafzimmer nichts zu suchen.**

Schmelzwassertunnel (Detail), Grönland

11. August

Biokäse

Käse ist nicht gleich Käse. Bei der konventionellen Herstellung werden viele Zusatzstoffe verwendet. Dazu gehören Konservierungsstoffe wie Natamycin (E 235) oder Sorbinsäure. Häufig werden auch Farbstoffe wie Betacarotin oder Lacotflavin verwendet. Insbesondere der Konservierungsstoff Natamycin wird als problematisch eingeschätzt, da er auch in der Humanmedizin eingesetzt wird und zur Resistenz gegen Arzneimittel führen kann. **TIPP: Natamycin wird zur Oberflächenbehandlung von Käse verwendet. Schneiden Sie deshalb bei herkömmlichem Käse die Rinde großzügig ab. Vermehrt wird im Handel auch Biokäse angeboten, der ohne künstliche Zusatzstoffe auskommt.**

Bakterien, Kamtschatka, Russland

12. August

Kräuterzeit

Durch die richtigen frischen Kräuter geben Sie Ihren Speisen einen authentischeren Geschmack als mit Gewürzmischungen. Mit dem nahenden Spätsommer ist die Zeit der Kräuterblüte gekommen. Wer auf Garten oder Balkon Salbei, Pfefferminze und Zitronenmelisse herangezogen hat, sollte sie jetzt zum Trocknen ernten. **TIPP: Viele Kräuter eignen sich auch zum Einfrieren, dazu gehören Basilikum, Kerbel, Estragon, Melisse, Petersilie und Dill.**

Prärie, USA

Marder im Haus

Immer öfter entdecken Steinmarder die Vorstädte als Lebensraum. Die kecken Raubtiere nisten sich in Dachgeschossen von Wohngebäuden und auch in den Motorhauben von Autos ein. Viele Menschen empfinden den Lärm der nachtaktiven Tiere sowie deren Exkremente als wenig amüsant. Zu den gefürchteten Schäden an Gummischläuchen kommt es allerdings meist erst während der Revierkämpfe im Frühjahr. Marder unterliegen dem Jagdrecht und dürfen nur nach den jeweils geltenden Bestimmungen gefangen und getötet werden. Um die Tiere zu vertreiben, hat sich laute Musik bewährt, aber auch das Auslegen von Lappen, die mit Petroleum und billigem, stark riechendem Parfüm getränkt sind. **TIPP: Falls Sie selbst oder Ihre Nachbarn einen Hund haben, leihen Sie sich die Hundedecke aus, und legen Sie diese einige Nächte an den Verstecken der Marder aus. Angeblich werden dadurch Raubtiere nachhaltig vertrieben.**

Lava, Kilauea-Vulkan, Hawaii

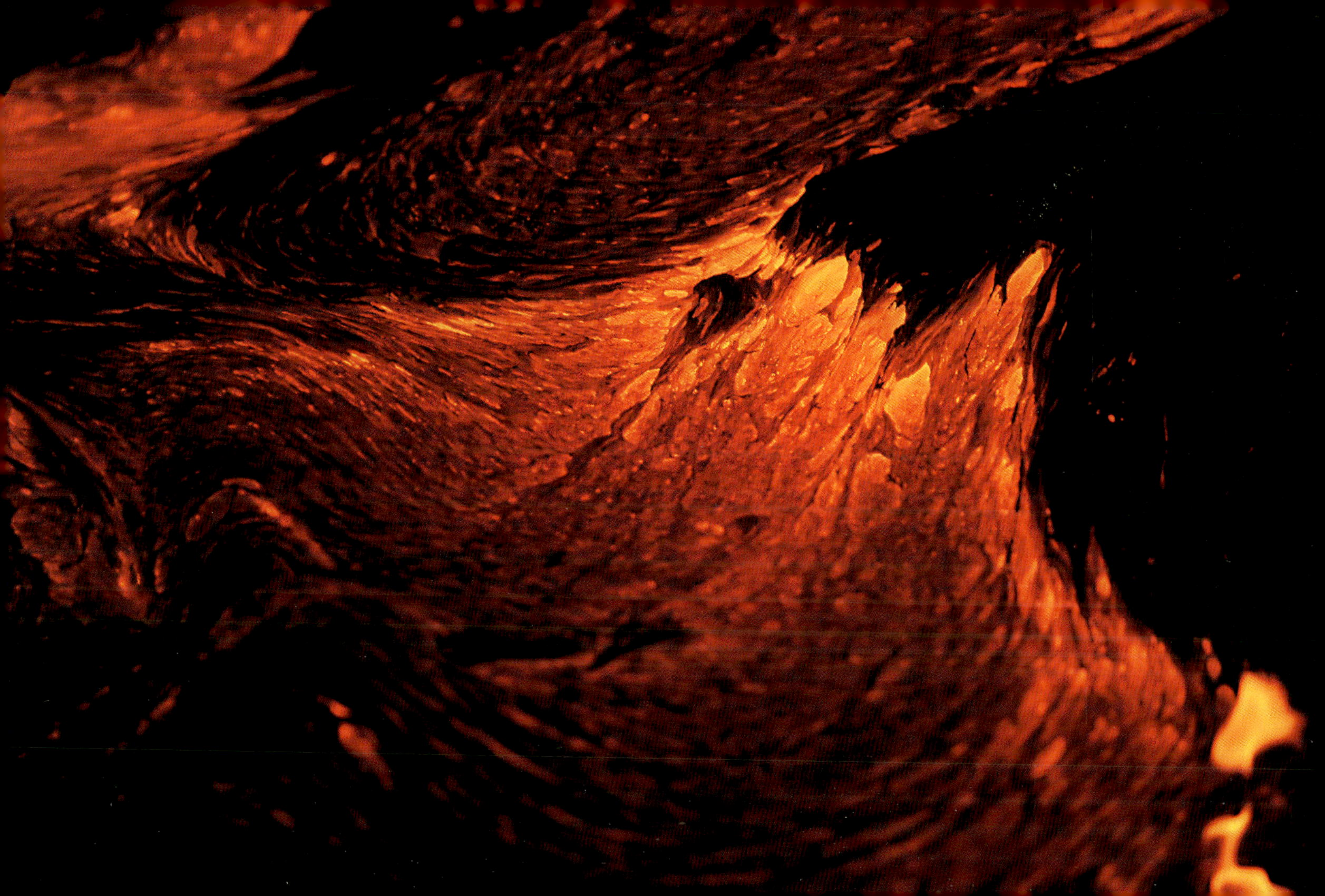

Grillen und Heuschrecken

In naturnah bewirtschafteten ländlichen Regionen kann man im Sommer Grillen und Heuschrecken zirpen hören. Die Insekten sorgen für den Sound des Sommers, indem sie ihre Flügel aneinander reiben oder mit einem gezackten Bein wie mit dem Bogen einer Geige über einen Flügel streichen.

TIPP: Besorgen Sie sich einen großen Kescher und eine Becherlupe, um die Lebewesen auf naturnahen Wiesen näher kennen zu lernen. So werden Sie schon bald in der Lage sein, Laubheuschrecken, Feldheuschrecke, Grillen, Grashüpfer und Warzenbeißer zu unterscheiden. (Letztere Art wurde in früheren Zeiten tatsächlich eingesetzt, um Warzen zu behandeln.)

Sandbänke, Mexiko

15. August

Wasseramsel

Sie sind eher unscheinbar, und oft übersieht man die kleinen Kobolde: Wasseramseln. Meist kommen sie an schnell fließenden Bergbächen vor. Doch man sieht sie gelegentlich auch in Dörfern und Städten. Der Vogel mit der charakteristisch knicksenden Körperstellung sucht vor allem nach Larven von Wasserinsekten wie Köcherfliegenlarven, aber auch nach Krebstieren und kleinen Fischen. Bemerkenswert sind die Schwimm- und Tauchkünste des kleinen Vogels. **TIPP: Man erkennt die Wasseramsel am weißen Unterbauch. Gewöhnen Sie sich an, bei kleinen Ausflügen und Spaziergängen in die Natur ein Taschenfernglas mitzunehmen. Suchen Sie die Ufer von schnell fließenden Bächen nach dem interessanten Vogel ab. Er ist weniger selten, als man denkt.**

Great Smoky Mountains, USA

16. August

Natürliche Flussläufe

Naturnahe Flusssysteme schützen optimal vor Überschwemmungen. Naturnähe heißt nicht, dass die Flüsse in der Nähe der Natur vorbeifließen, sondern dass sie Raum haben, sich zu verändern. Ökologen sprechen von einer hohen Umlagerungsdynamik, wenn Flüsse eigendynamisch ihr Bett, ihren Lauf und ihre Ufer verändern. Dadurch entstehen in kurzer Zeit Lebensräume und Lebensbedingungen von Pionierarten wie Zwergbinsen, Schlammling und Tännel. Zu den seltenen Vögeln, die man an solchen selbständig schlängelnden Flüssen beobachten kann, gehören auch Eisvögel und die Flussseeschwalbe. **TIPP: Informieren Sie sich beim Naturschutzbund Deutschland (www.nabu.de) über naturnahe Flusssysteme. Hier gibt es auch die Möglichkeit, für die Erhaltung und Renaturierung von naturnahen Flusssystemen zu spenden.**

Fluss, Island

Verantwortung übernehmen für den Boden

Wussten Sie, dass es in Deutschland ein Bodenschutzgesetz gibt? In Paragraph 4, Absatz 1 heißt es dort: »Jeder, der auf den Boden einwirkt, hat sich so zu verhalten, dass schädliche Bodenveränderungen nicht hervorgerufen werden.« Dies gilt für den Kleingärtner und für den Landwirt ebenso wie für die Hausfrau und die Chemieindustrie. **TIPP: Auch wer auf dem flachen Land wohnt, sollte Putzwasser auf unbefestigtem Boden ausschütten. Beim Hantieren mit Chemikalien, z. B beim Außenanstrich, ist darauf zu achten, dass Farben oder Holzschutzmittel nicht verschüttet werden. Falls dies dennoch passiert, sollte das Erdreich abgehoben und als Sondermüll entsorgt werden.**

Erg Mehedjibat, Algerien

18. August

Wunderblume Distel

Es soll Leute geben, die diese Pflanze als unerwünschtes Unkraut betrachten. Insbesondere durch Namen wie »gewöhnliche Kratzdistel« macht sie sich nicht unbedingt Freunde, es sei denn, man gehört zu den Bienen, Hummeln oder zu den Schmetterlingen Pfauenauge, Kaisermantel und Blutströpfchen. Diese Insektenarten besuchen Disteln besonders oft und gern. Für den Distelfalter sind diese Pflanzen begehrte Raupenfutterpflanzen. Zu den Vögeln, die von der Distel besonders oft angezogen werden, gehört insbesondere der Stieglitz, der auch bekannt ist als Distelfink.

TIPP: Geben Sie den Disteln in Ihrem Garten eine Chance, und lassen Sie die Pflanze wachsen. Manche Distelarten werden bis zu zwei Meter hoch und wirken auf Insekten und Vögel wie ein Leuchtfeuer. Tun Sie es den Vögeln und Insekten gleich, und lassen Sie sich bei den Sommersonntagsspaziergängen von den Disteln leiten.

Tintenfisch, Australien

19. August

Kalbfleisch beruhigt die Nerven

Wer viel Stress hat, sollte mehr Kalbfleisch essen. Denn die in Kalbfleisch enthaltenen B-Vitamine sorgen für ruhige Nerven. Außerdem enthält es viel gut verdauliches Eiweiß, sehr wenig Fett sowie Zink und Eisen. **TIPP: Je heller das Fleisch, desto weniger artgerecht ist häufig die Haltung des Tieres. In Deutschland werden den Landwirten jedoch durch die Kälberverordnung strenge Auflagen gemacht. Auf Nummer sicher gehen Sie, wenn Sie Kalbfleisch aus artgerechter Tierhaltung kaufen.**

Schneesturm, Kanada

Wildes Hobby – sanfter Tourismus

Juristisch gesehen, ist »Nationalpark« eine Schutzgebietskategorie, die von der internationalen Naturschutzunion (IUCN) als Kategorie II eingestuft wird. Noch eine Stufe darüber steht »Wildnis« (Kategorie 1 b). Laut IUCN soll Wildnis nicht nur geschützt, sondern auch für die Öffentlichkeit erschlossen werden, und zwar in einer »Art und Weise, die optimal für das körperliche und geistige Wohlergehen der Besucher ist und zugleich den Wildnischarakter des Gebietes für heutige und kommende Generationen am besten bewahrt«. Damit die Wildnisbesucher sich nicht gegenseitig auf die Nerven gehen, ist es nur erlaubt, das Gebiet mit »einfachen, leisen und unaufdringlichen Verkehrsmitteln (d. h. keinen Motorfahrzeugen) aufzusuchen und dort in besonderem Maße Stille und Einsamkeit zu begegnen«. **TIPP: Es gibt zwar (noch) keine offiziellen Wildnisgebiete in Deutschland. Trotzdem sollten Sie Ihren Aufenthalt in freier Natur so gestalten, dass auch andere Naturbesucher in besonderem Maß Stille und Einsamkeit begegnen können.**

Titicacasee, Bolivien

Jobmaschine Umweltschutz

Umwelt- und Klimaschutz schaffen Jobs. Inzwischen gibt es in Deutschland 1,5 Millionen Arbeitsplätze im Umweltschutz. Das sind etwa doppelt so viele wie in der Automobilbranche! Allein im Bereich erneuerbare Energien gibt es 150 000 neue Jobs. 2010 könnten das bei weiterem Ausbau mehr als doppelt so viele sein. **TIPP: Bringen Sie mehr Umweltschutz in Ihr Leben, und erfahren Sie mehr über die Hintergründe auf der Homepage des Journalisten Franz Alt (www.sonnenseite.com).**

Gräser, Island

22. August

Kundenberatung »live«

Onlinebanking, Onlineshopping ist praktisch, spart Zeit und häufig auch Geld. Und es spart Arbeitsplätze ein. Oft werden Bankgeschäfte, die nicht online getätigt werden, sogar mit zusätzlichen Gebühren belegt. **TIPP: Wann immer Sie Zeit haben, gehen Sie shoppen, und lassen Sie sich »live« beraten. Das trägt nicht nur dazu bei, dass Arbeitsplätze erhalten bleiben, sondern Beratungsgespräche mit Kunden sorgen auch für ein vernünftiges Angebot im Handel und besseren Service.**

Eisberge, Grönland

Kaffee aus fairem Handel

Kaffee ist ein alltägliches Genussmittel. Für den durchschnittlichen Supermarktkäufer ist es ein gutes Zeichen, wenn der Kaffeepreis fällt. Nicht aber für die Produzenten der Bohnen. Niedrige Kaffeepreise führen in vielen Anbauländern zur Verelendung hunderttausender von Menschen. Damit Kaffee günstig produziert werden kann, muss in Monokulturen angebaut werden, was wiederum den Einsatz von Pestiziden und Mineraldünger notwendig macht. **TIPP: Kaffee aus fairem Welthandel garantiert faire Preise für die Produzenten und ermöglicht ökologisch sensible Anbaumethoden. Viele Supermärkte haben solche Produkte bereits im Angebot. Fragen Sie aber auch in Restaurants und Cafés nach fair gehandeltem Kaffee.**

Titicacasee, Bolivien

24. August

Gesund Grillen

Gesellige Grillabende im Sommer sind eine schöne Sache. Wer gern grillt, sollte aber einige Regeln beachten, Grillpartys nur gelegentlich durchführen und so, dass die Geruchsemissionen nicht konzentriert in die Wohn- oder Schlafräume von Nachbarn dringen. **TIPP: Da beim Grillen krebserregende Stoffe wie Benzpyren entstehen, sollte Grillgut erst auf den Rost gelegt werden, wenn die Rauchentwicklung aufgehört hat und die Kohle durchgeglüht ist. Lassen Sie nichts verkohlen, grillen Sie nur mageres Fleisch, und verwenden Sie Grillschalen oder Grillalufolie.**

Nautilus, Australien

Keine Mülltrennung im Paradies

Dank Mülltrennung sind stinkende Müllhalden in Deutschland kaum noch ein Problem. Nicht so dagegen in vielen Ländern der Dritten Welt. Abgesehen von Altmetall, das in vielen Ländern eine wichtige Ressource darstellt, sind Mülltrennungssysteme in vielen Ländern nicht bekannt. **TIPP: Bedenken Sie besonders bei Fernreisen, dass Sie Problemmüll wie Batterien wieder mit nach Hause nehmen. Behalten Sie die Plastikbeutel von Einkäufen als Andenken, und verwenden Sie sie wieder.**

Skorpionfisch (Detail), Australien

Legendäre Prärie

Zu den 91 in Deutschland bekannten Lebensraumtypen gehören u. a. Auwälder, Alpine Matten, Heide, Trockenrasen und Streuobstwiesen. Aber wussten Sie, dass es auch Präriepflanzen in Deutschland gibt? Die Globalisierung ebenso wie der Anbau von Nutz- und Zierpflanzen hat dafür gesorgt, dass Pflanzenarten aus Amerika zu uns gekommen sind, die dort als Präriepflanzen bekannt sind.

TIPP: Zu den Präriepflanzen, die bei uns blühen, gehören Wiesenschafgarbe (Yarrow), Sumpfdotterblume (Mash Marigold), Rundblättrige Glockenblume (Harebell), Topinambur (Jerusalem Artichoke), Kanadische Goldrute (Goldenrod), Ackerziest (Woundwort), Gewöhnliche Nachtkerze (Common Evening Primrose). Der Spätsommer ist in den USA die Zeit, in der die meisten Präriepflanzen blühen. Jetzt ist auch die beste Gelegenheit, in Deutschland nach Präriepflanzen zu suchen.

27. August

Kaufen Sie Souvenirs in Nationalparks

»Merchandising« – so heißt ein Geschäftszweig, der in Amerika auch aus den dortigen Nationalparks nicht mehr wegzudenken ist. In Deutschland ist Nationalpark-Merchandising noch recht unterentwickelt. T-Shirts, Kappen oder Tassen mit Logo oder Motiven des Nationalparks machen Werbung für den Nationalpark und sorgen für Umsatz, der oft (freilich nicht immer) der Regionalentwicklung zugute kommt. **TIPP: Sammeln Sie Souvenirs der Nationalparks, die Sie im In- und Ausland besuchen.**

Ol-Doinyo-Lengai-Vulkan, Tansania

28. August

Heimat auf den Teller

Die Ernährung bestimmt die Identität einer Region wesentlich mit. Dazu gehören nicht nur typische Gerichte und Spezialitäten, sondern auch bestimmte Obst- und Gemüsesorten sowie Tierrassen, die zur natürlichen Landschaft passen. Wer regionale Produkte kauft, trägt zur Erhaltung der biologischen Vielfalt und der bäuerlichen Landwirtschaft bei, die sonst im globalen Wettbewerb untergehen würden. Eine Ernährung der kurzen Wege spart außerdem Energie und kann so der globalen Klimaveränderung entgegenwirken. **TIPP: Suchen Sie in Restaurants und Biergärten bei den Wochenendausflügen nach Speisen aus der Region.**

Ahorn, USA

29. August

Natürlicher Körpermasseindex

Waschbrettbäuche und Mannequinhüften in der Werbung führen uns vor, wie der ideale Körper auszusehen hat. Doch sollte man sich davon nicht irritieren lassen. Das Wichtigste ist, dass Sie ein gesundes Körpergewicht haben. Wenn Sie das für Ihr Alter und Ihre Körpergröße normale Gewicht halbwegs einhalten, beugen Sie nicht nur Gefäß- und Gelenkkrankheiten, sondern auch Diabetes vor.

TIPP: Mit der Berechnung des Körpermasseindex (Body-Mass-Index = BMI) errechnen Sie Ihr natürliches Gewicht. Teilen Sie dazu Ihr Körpergewicht (in Kilogramm) durch das Quadrat Ihrer Körpergröße. Wenn Sie über 30 Jahre alt sind, dürfen Sie einen BMI zwischen 19,2 und 24,9 haben. Wenn Sie über 40 sind, ist zwischen 20,9 und 26,6 normal. Bei über 50-Jährigen kann der BMI zwischen 22,4 und 28,2 liegen, bei über 60-Jährigen zwischen 24,1 und 29,8.

Altiplano, Bolivien

Sparen Sie Papier durch eine PDF-Bibliothek auf Ihrem Computer

Weltweit werden rund 45 Prozent des geernteten Holzes industriell genutzt, 55 Prozent dienen der Brennholzgewinnung. Mindestens jeder fünfte geschlagene Baum wird für die Papierproduktion verwendet. Es wird geschätzt, dass 17 Prozent des zur Herstellung von Papier verwendeten Holzes aus Urwäldern stammen. **TIPP: Vermeiden Sie hohen Papierverbrauch. Wichtige Materialien können bei Computern der neuen Generation als PDF-Dokumente (PDF = Portable Dokument File) gespeichert werden. PDF-Dateien lassen sich wie normale Bücher oder Broschüren mit der Computermaus umblättern und lesen.**

Sumpflandschaft, Alaska

Besuchen Sie die Urwälder Deutschlands

Überreste der letzten ursprünglichen Laubwälder lassen sich an versteckten Stellen der Nationalparks Berchtesgaden, Bayerischer Wald, Hochharz und Müritz finden. Auf der mecklenburgisch-vorpommerschen Insel Vilm in der Kernzone des Biosphärenreservats Südostrügen kann man Urwald erleben. Auch außerhalb der Naturreservate, wie in der Schwarzwälder Wutachschlucht, im Taubergießen-Auwald am Oberrhein und in den Kernzonen des Pfälzer Waldes, können Sie Urwälder bewundern. **TIPP: Lernen Sie die Urwälder Deutschlands erst im Buch (z. B. Georg Sperber/Stephan Thierfelder, *Urwälder in Deutschland*, München 2005), dann »live« kennen.**

Great Smoky Mountains, USA

1. September

Keine Angst vor Spinnen

Wenn die reifen Früchte der Rosskastanie fallen, ist der Frühherbst gekommen. Diese Zeit wird auch Altweibersommer genannt, da jetzt die Luft über den Wiesen voller weißer Spinnfäden ist, die an die grauen Haare von alten Frauen erinnern. Die alten Germanen glaubten, dass dies die Lebensfäden der Menschen seien, die von den Schicksalsgöttinnen, den Nornen, gesponnen wurden. Tatsächlich sind diese Fäden von Jungspinnen, die sich auf diese Weise weite Strecken vom Wind transportieren lassen. **TIPP: Erwachsene Spinnen haben jetzt besonders schöne Netze gesponnen. Man kann viele Spinnen anhand ihrer Netze bestimmen. Versuchen Sie es doch einmal: Bei der Kreuzspinne ist die Netzmitte geschlossen, bei Stecker- und Herbstspinne dagegen bleibt sie offen. Die Wespenspinne verziert ihr Netz mit einem Zickzackfaden. Die Dreiecksspinne kreiert, wie der Name schon sagt, dreieckige Fangnetze.**

Hai, Australien

Wiederaufladbare Batterien

Nahezu alle Batterien enthalten giftige Stoffe. Besonders umweltgefährdend sind Batterien, die Schwermetalle wie Quecksilber (Hg), Cadmium (Cd) oder Blei (Pb) enthalten, weshalb diese Stoffe nach der Batterieverordnung auf den Batterien deklariert sein müssen. Aber auch Knopfbatterien, die Nickel, Zink und Lithium sowie deren Verbindungen enthalten, sind umweltgefährdend und dürfen deshalb nicht mehr in den Hausmüll geworfen werden. **TIPP: Durch wiederaufladbare Alkalimanganbatterien lassen sich bei richtigem Einsatz die herkömmlichen Einmalbatterien ersetzen. Voraussetzung für ein langes Leben ist, dass die Batterien möglichst oft mit dem speziell dafür vorgesehenen Gerät wiederaufgeladen werden. Häufiges vollständiges Entladen vermindert die Lebensdauer.**

Sumpflandschaft, USA

Tote Bäume leben

Ein polnisches Förstersprichwort sagt, dass Eichen 400 Jahre brauchen, um zu wachsen, 400 Jahre, um alt zu werden, 400 Jahre, um zu sterben, und 400 Jahre, um zu verrotten. Abhängig von ihrer Art gelten Bäume in Deutschland ab einer durchschnittlichen Umtriebszeit von 130 Jahren als »hiebsreif«. Doch nicht nur aus ökonomischen Interessen werden Bäume gefällt. Auch aus Gründen der Verkehrssicherheit werden alte Bäume beseitigt, da herabfallende Äste Menschen gefährden könnten. Doch erst wenn Bäume Gelegenheit haben, alt zu werden, können sie zum Lebensraum und Lebensbaum für viele Tiere werden. In den ersten beiden Phasen – dem Wachsen und dem Altern – sind Bäume für Vögel besonders interessant. In den letzten Phasen werden sie zum Magnet für Pilze und Insekten. **TIPP: Suchen Sie nach alten Bäumen, die überleben dürfen. Besuchen Sie die Homepage des Kuratoriums »Alte liebenswerte Bäume« (www.alte-baeume.de).**

Grannenkiefer, USA

4. September

Bringen Sie Farbe in den Müll

In den meisten Büros sorgen Putzkolonnen nach Dienstschluss für die nötige Sauberkeit. Meist werden durch die »Heinzelmännchen« nur Papier und Restmüll entsorgt. Doch oft fällt auch anderer Müll in nicht geringfügigen Mengen an, Teebeutel etwa, Kaffeefilter oder Essensreste. **TIPP:** **Engagieren Sie sich bei Ihrem Chef oder Ihrer Chefin für ein Farbleitsystem zur Mülltrennung. Bewährt haben sich Blau für Altpapier, Grau für Restmüll, Grün oder Braun für Bioabfall, Gelb für Kunststoff und Rot für Problemmüll (CDs, Tonerkartuschen, Leuchtstoffröhren).**

Yellowstone-Nationalpark, USA

5. September

Wärmeschutzverglasung

Der Einbau moderner Wärmeschutzverglasung verhindert Energieverlust durch das Fenster um 100 Prozent. Die Dämmeigenschaften von Wärmeschutzverglasung sind gegenüber herkömmlichem Isolierglas um 40 bis 50 Prozent verbessert. Hierfür sorgen eine Edelgasfüllung zwischen den beiden Scheiben sowie eine leichte, durchsichtige Metallbedampfung der Scheibe im Zwischenraum. **TIPP: Sprechen Sie mit Ihrem Vermieter, oder rufen Sie den Familienrat ein. Der Neueinbau von moderner Wärmeschutzverglasung rechnet sich schon nach kurzer Zeit.**

Inlandeis, Grönland

Biophilie

Biophilie ist ein Begriff der analytischen Sozialpsychologie und der Soziobiologie. Man versteht darunter die natürliche Affinität (Neigung) der Menschen zu allem Lebendigen. So konnte der berühmte Evolutionsforscher Edward O. Wilson 1984 zeigen, dass sich die Menschen aufgrund der angeborenen Biophilie zu anderen Lebewesen hingezogen fühlen und dass sie diesen Kontakt auch zur nichtmenschlichen Natur in einem ausreichenden Maße brauchen, um seelisch gesund zu bleiben. **TIPP: In vielen Haushalten, die sich »modern« geben und die nach funktionellen Kriterien eingerichtet sind, sind Topfpflanzen verpönt. Lassen Sie sich nicht von geschmäcklerischen Einwänden abhalten, und bringen Sie Grün ins Haus. Auch ein Aquarium nährt wie alle anderen Haustiere die biophile Unterversorgung des Zivilisationsmenschen. Ein einfacher Beleg für die Biophiliehypothese ist das Verschenken von Blumen, die beim Beschenkten für viel Freude sorgen, obwohl sie eigentlich zu nichts zu gebrauchen sind.**

Prärie, Mount Rainier, USA

Vogelparadiese in Deutschland

Gemäß EU-Vogelschutzrichtlinie sind die Bundesländer verpflichtet, wichtige Vogelschutzgebiete nach Brüssel zu melden. Die Experten haben in Zusammenarbeit mit dem Internationalen Vogelschutzbund »BirdLife International« eine Vorschlagsliste dieser »Important Bird Areas« (IBA) ausgearbeitet. Die Liste zeigt, dass viele dieser Gebiete am Wasser liegen. Denn nicht nur klassische Wasservögel wie Enten, Gänse, Möwen, Eisvögel, Seeschwalben und viele Wattvögel profitieren vom Gewässerschutz, auch Greifvögel wie Rohrweihe, Seeadler und Fischadler leben in der Nähe von Gewässern, ganz zu schweigen von diversen Schilfbewohnern wie Reiher und Rohrsänger.

TIPP: An Wochenenden sind Seen ein beliebtes Ausflugsziel. Informieren Sie sich beim Naturschutzbund Deutschland über Vogelschutzgebiete. Eine Liste mit der Lage dieser Vogelparadiese lässt sich dort herunterladen. Erkundigen Sie sich nach vogelkundlichen Führungen in diesen Gebieten.

Rosa Flamingos, Kenia

8. September

Stromfresser nicht mehr reparieren

Ein durchschnittlicher Haushalt (zwei bis drei Personen) verbraucht ohne Heizung und Warmwasserbereitung pro Jahr etwa 3600 Kilowattstunden Strom. Allein durch bewusstes Verbraucherverhalten und durch Auswahl stromsparender Geräte beim Neukauf können Sie 50 Prozent des Stromverbrauches und damit auch der Stromkosten einsparen. **TIPP: Den alten Toaster noch mal zum Richten zu bringen klingt zwar irgendwie edel und umweltbewusst, ist aber tatsächlich meistens teuer, da er sehr viel mehr Strom verbraucht als ein neues Gerät. Entsorgen Sie die alten Stromfresser lieber umweltverträglich beim nächsten Wertstoffhof.**

Crater Lake, USA

9. September

Lagerfeuerromantik daheim

Wie wäre es in diesem Winter mit Lagerfeuerromantik im eigenen Haus? Kaminöfen sind CO_2-neutral. Das heißt, dass bei der Verbrennung des Holzes im Kamin nur so viel Kohlendioxid freigesetzt wird, wie die Bäume vorher beim Wachstum aus der Atmosphäre aufgenommen haben. Bevor Sie einen Kaminofen installieren lassen, sollten Sie sich allerdings Gedanken darüber machen, woher Sie im Winter Ihr Brennholz bekommen. **TIPP: Zurzeit wächst in Deutschland mehr Holz nach, als eingeschlagen wird. In den Staatswäldern und manchen Privatforsten gibt es preisgünstige Möglichkeiten, Brennholz zu kaufen. Bedenken Sie aber, dass frisch geschlagenes Holz über zwei Jahre lang gelagert werden muss, bevor es genutzt werden kann. Für diesen Winter sollten Sie sich bereits im Wald abgelagertes Brennholz besorgen.**

Baumrinde (Detail), USA

10. September

Bahnfahren ist billiger als Autofahren

Eine Kostenanalyse von ADAC und der Deutschen Bahn zeigt, dass Bahnfahrer im Schnitt 45 Prozent der Fahrtkosten (ohne Steuer und Pkw-Versicherung) einsparen. Wer mit öffentlichen Verkehrsmitteln fährt, spart aber nicht nur Geld, sondern entlastet auch die Umwelt, denn umgerechnet auf die durchschnittliche Fahrgastzahl werden bei Bahnfahrten 75 Prozent weniger Energie verbraucht.

TIPP: Mobil sein ohne Auto ist die Herausforderung der Zukunft. Planen Sie Ihre Ausflüge und Reisen sorgfältig. Lassen Sie sich unbedingt am Schalter beraten, oder recherchieren Sie die günstigsten Angebote unter www.bahn.de.

Rote Ibisse, Venezuela

Massentierhaltung vernichtet Regenwald

Der größte tropische Regenwald, der Amazonasregenwald, ist mit einer Fläche vergleichbar mit den Vereinigten Staaten das größte tropische Urwaldgebiet der Welt. Rund die Hälfte aller auf dem Land lebenden Tier- und Pflanzenarten findet man dort. Etwa ein Drittel dieses riesigen Gebiets ist bereits durch Holzfirmen vernichtet worden und wird nun in der Folgephase für die Beweidung oder für den Anbau von Soja genutzt. Soja wiederum wird in großen Mengen auch nach Deutschland importiert, wo es bei der Massentierhaltung verfüttert wird. **TIPP: Fleisch aus Massentierhaltung ist nicht nur wenig tierfreundlich und schadet der einheimischen Natur durch übermäßigen Düngereintrag; auch ferne Lebensräume werden durch übermäßigen Fleischkonsum bei uns beeinträchtigt. Kaufen Sie auch dem Regenwald zuliebe (Bio-)Rindfleisch ausschließlich aus artgemäßer Tierhaltung.**

Sandstein (Detail), Tschad

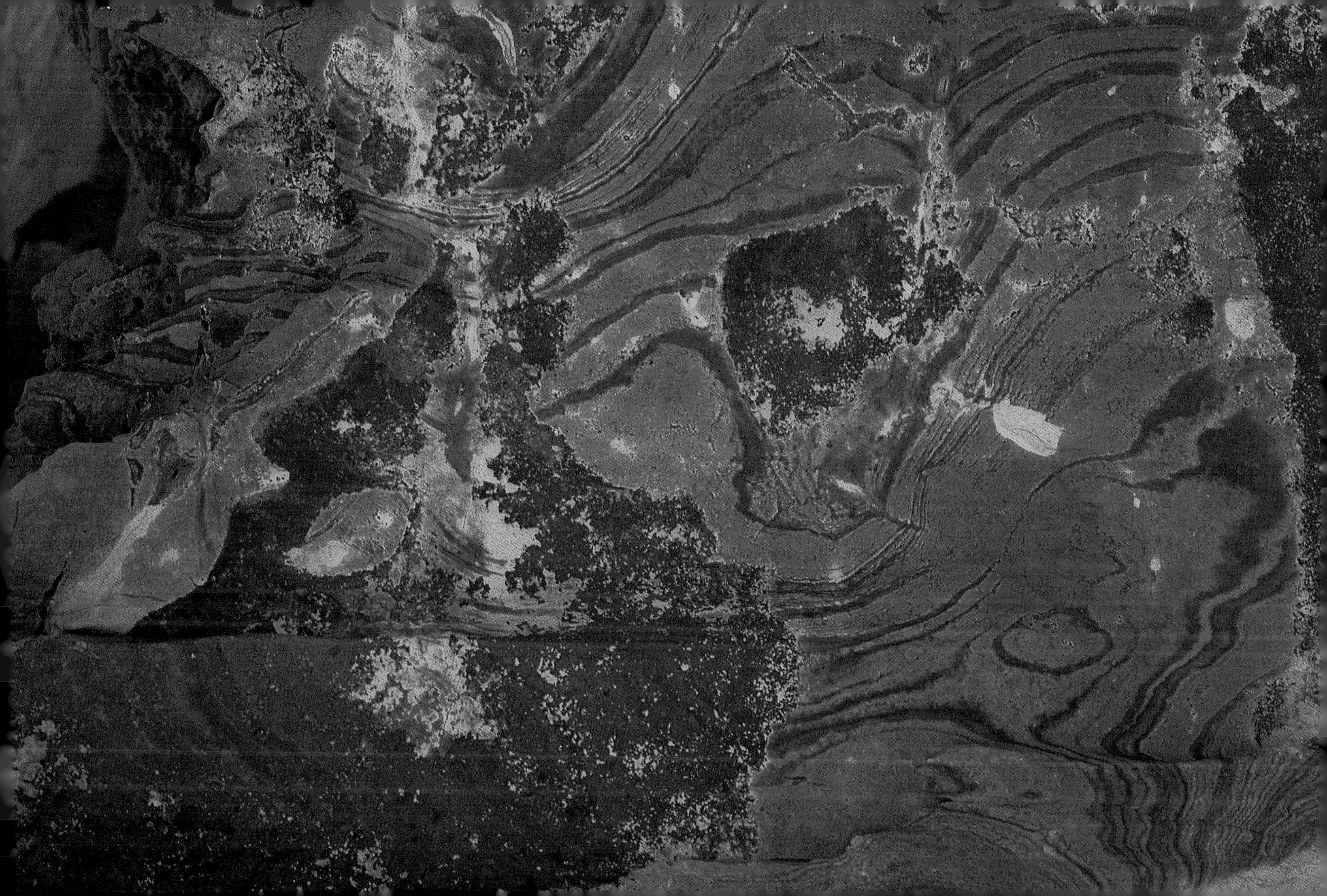

12. September

Schwalbenhimmel

»Mariä Geburt fliegen die Schwalben furt«, so lautet die Bauernregel, der zufolge spätestens am 8. September die Schwalben in Richtung Süden fliegen. Tatsächlich machen sich die Mehlschwalben bereits ab Mitte August auf den Weg. Die Rauschschwalben ziehen ab Mitte September fort.

TIPP: Falls in diesen Tagen in der Nähe Ihres Gartens Schwalben vorbeiziehen, dann bedeutet dies, dass Ihr Haus in einer Schwalbenregion liegt und die Vögel womöglich im nächsten Frühling bei ihrer Rückkehr eine Nestgelegenheit in Ihrer Gegend suchen. Sie können dafür sorgen, dass die Schwalben Nistkästen vorfinden, die im Handel angeboten werden.

Kaiserpinguine, Antarktis

Spuren in der Natur

Ein Waldspaziergang kann mancherlei Erkenntnisse bringen. Nach regennassen Nächten kann man anhand von Spuren auf die Aktivitäten vieler Tiere schließen. Verhältnismäßig einfach können Rehe, Rothirsche und Wildschweine unterschieden werden. Charakteristisch ist auch die Losung (= Kot), an der man genau ablesen kann, ob hier ein Hase gehoppelt ist oder ein Fuchs gejagt hat. Die Wege von Feldhasen und Kaninchen z. B. erkennt man an den kleinen kugelrunden, schusserähnlichen Gebilden, der Fuchs hat (im Gegensatz zu Hunden) fast immer eine torpedoförmige Hinterlassenschaft, die an einem Ende spitz zuläuft und am anderen Ende breit ist.

TIPP: Oft benutzte Wildwege, sogenannte Wechsel, lassen sich gerade im Herbst am niedergetretenen Gras erkennen. Am Ende der Vegetationsphase richtet sich das Gras im Wald viel langsamer auf als im Sommer. Besorgen Sie sich einen guten und handlichen Spurenführer, den Sie auf Spaziergänge mitnehmen können, z. B. den *Kosmos Naturführer: Tierspuren* von Klaus Richarz und Alfred Limbrunner (Stuttgart 2003).

Grizzly-Spur, Russland

14. September

Richtig Wasser kochen

Der größte Einzelverbraucher unter den Haushaltsgeräten ist der Elektroherd. Der Jahresstromverbrauch beträgt im Durchschnitt etwa 430 Kilowattstunden, das entspricht Kosten von ca. 60 Euro. Deutliche Energieeinsparungen sind nicht nur durch den Neukauf eines Herdes möglich. Auch durch energiebewusstes Kochverhalten lässt sich der Stromverbrauch drosseln. **TIPP: Kochen Sie energieeffizient, indem Sie nur Töpfe mit ebenem Boden benutzen, und dies auf Kochplatten, die der Topfgröße entsprechen.**

Dünen, Libyen

15. September

Papiersparen im Büro

Vom Standpunkt der Papierindustrie sind Papierimporte aus dem Ausland oftmals kostengünstiger als Papier aus heimischer Produktion. Während in Deutschland von den meisten Förstern naturnaher Waldbau praktiziert wird, sind in vielen anderen Ländern noch die naturfernen Monokulturen anzutreffen. **TIPP: Überprüfen Sie Ihre Kopiergewohnheiten. Vermeiden Sie Fehlkopien, die oft nur entstehen, weil man in Hektik ist. Werfen Sie Fehlkopien nicht weg, sondern nutzen Sie diese als Schmierpapier. Nicht jede E-Mail-Korrespondenz muss ausgedruckt werden.**

Niger, Mali

16. September

Vogelforschung am Meer

Papageitaucher haben früher auch an den Felsen von Helgoland gebrütet. Inzwischen sind diese hübschen Vögel dort nur noch als Wintergäste zu beobachten. Vom Ufer Helgolands können im Herbst auch Stern-, Pracht-, Ohren- und Eistaucher, Mantel-, Zwerg- und Dreizehenmöwen beobachtet werden. Auch die nahen Verwandten der Papageitaucher, Gryllteiste und Tordalk, kann man hier mit etwas Glück beobachten. **TIPP: Informieren Sie sich über die neuesten Ergebnisse der Vogelzugforschung unter www.vogelwarte-helgoland.de.**

Papageitaucher, Round Island, Alaska

17. September

Büsche pflanzen für Vögel

Der Wald ist nicht nur Holzfabrik, sondern auch Lebensraum für viele Tiere. Im Herbst, wenn die Vegetationsphase abgeschlossen ist und die Bäume nicht mehr im Saft stehen, kommt die Zeit für den Holzeinschlag im Wald und für Neuanpflanzungen. Das gilt nicht nur für den Wald weit draußen, sondern auch für den eigenen Garten, in dem nun Büsche und Hecken angepflanzt werden können, auf die viele Vogelarten fliegen. **TIPP: Zierquitte, Hartriegel, Felsenbirne, Weißdorn, Sanddorn, Schneeball, Johannisbeere, Wilder Wein, Vogelbeere, Feuerdorn, Wildrosen und Holunder sind für Vögel interessant. Wer auch Insekten wie Bienen oder Hummeln anlocken will, der pflanzt Blütengehölze, die viele Pollen tragen, wie etwa Weide, Linde oder Feldahorn.**

Lassen-Nationalpark, USA

18. September

Sparen beim Spülen

In der Regel ist der Energieverbrauch beim Geschirrspülen von Hand niedriger als beim Gebrauch von Spülmaschinen. Der Jahresstromverbrauch für Spülmaschinen beträgt im Durchschnitt pro Haushalt 300 Kilowattstunden, das entspricht Kosten von ca. 45 Euro im Jahr. **TIPP: Lassen Sie die Spülmaschine nur voll beladen laufen, und nutzen Sie bei mäßig verschmutztem Geschirr entsprechende 50 °C-Sparprogramme. In den wenigsten Fällen ist es nötig, Geschirr vorzuspülen. Das kostet doppelt so viel Energie.**

Crater-Lake-Nationalpark, USA

19. September

Digitale Blattsammlungen

»Da bist du nun wieder, du Maler, du Herbst, der du Wald und Flur so malerisch färbst«, so reimte einst der Liedermacher Ulrich Roski. Birken, Hainbuchen und Pappeln leuchten jetzt goldgelb, Buchen zieren alle Farbnuancen zwischen Gelb und Rostrot. Ebereschen und Pfaffenhütchen schmücken sich in Flammenrot. Der Ahorn probiert einfach alles aus. **TIPP: Der Herbst ermuntert zum Blättersammeln. Anstatt die schönsten Blätter zwischen Büchern oder in einem Herbarium langsam vertrocknen und unansehnlich werden zu lassen, können Sie die Herbstpracht mit einer digitalen Kamera an Ort und Stelle ablichten und in Ihrem Computer sammeln. Sie können auch jahreszeitenspezifische Bildschirmschoner anlegen.**

Altweibersommer, Kanada

Neue Pflanzen und neue Tiere in Deutschland

Franzosenkraut, Robinie, Gauklerblume, Kartoffelrose, Eichen-Ahorn-Götterbaum – die Liste der sogenannten Neophyten ist lang. Neophyten (Neo = neu, phyt = Pflanze) sind Pflanzen, die neu bei uns sind und größtenteils versehentlich durch Menschen verbreitet wurden. Zum Teil gliedern sich die Pflanzen gut ein und bereichern unsere einheimische Flora, manchmal entwickeln sie aber auch starke Verdrängungs- und Ausbreitungstrends. Alte Neophyten sind etwa Wildkräuter wie Klatschmohn und Ackerrittersporn, die in der Jungsteinzeit mit Saatgut in Deutschland eingeschleppt wurden. Zu den Neozoen (Neutieren) gehören etwa Waschbär, Marderhunde, Kanadagans, Weißkopfruderente oder der Halsbandsittich. **TIPP:** **Informieren Sie sich über Neophyten bei www.neophyten.de und über Neozoen bei www.neozoa.de.**

Um-el-Ma-See, Libyen

Weiße Westen auf Kosten der Arktis und Antarktis

Die Klimaerwärmung aufgrund unseres hohen Energieverbrauchs ist längst eine erwiesene Tatsache. Besonders in der Arktis und der Antarktis sind die Auswirkungen des Energieverbrauchs spürbar. Auch das frische Hemd, das in vielen Jobs einfach dazugehört, trägt zum Treibhauseffekt bei.

TIPP: Die in den Hemden angegebenen Waschtemperaturen sind Maximaltemperaturen, die das Gewebe aushält. Wenn Sie Ihre Weißwäsche statt mit 95 °C nur mit 60 °C waschen, lassen sich bis zu 40 Prozent Strom sparen. Bei 60 °C wird normal verschmutzte Wäsche sauber, und Bakterien werden ebenfalls abgetötet.

Adelie-Pinguine im Schneesturm, Antarktis

Mobil auch ohne Auto

Man kann es drehen und wenden, wie man will. Der Autoverkehr ist ein ernstzunehmender, belastender Klimafaktor. Darüber hinaus ist die Anschaffung eines Autos mit hohen Kosten verbunden. Damit wird eine Kettenreaktion ausgelöst: Wer ein Auto besitzt, nutzt es natürlich auch, und viele Wege werden mit dem Pkw zurückgelegt, obwohl es auch anders möglich wäre. **TIPP:** **Um mobil zu bleiben, muss man sich kein Auto anschaffen. Bei Autofahrten über mehrere Tage und für lange Strecken sind Mietangebote der Autovermieter günstig. Für die kurze Nutzung im Alltag ist Car-Sharing ideal. Wer nur ab und zu einen fahrbaren Untersatz braucht und einen gültigen Führerschein besitzt, kann sich bei der bundesweiten Teilzeitautobenutzung beteiligen (www.greenwheels.de).**

Silberschwert, Hawaii

23. September

Augen auf beim Fischkauf

Der Thunfisch, das größte Mitglied der Makrelenfamilie, ist ein langer, spindelförmiger Raubfisch. Thunfischfang wird oft mit Hilfe von kilometerlangen Treibnetzen praktiziert, die auch viele andere Fischarten (Delfine und kleine Wal- und Haiarten) in ihrer Existenz gefährden. **TIPP: Treibnetzfischerei ist offiziell in der EU verboten. Kaufen Sie Thunfisch nur aus einheimischer (EU-)Produktion. Auch amerikanische Hersteller sind inzwischen sensibilisiert und bieten keinen Thunfisch mehr an, der mit Treibnetzen gefangen wurde.**

Barrakudas, Australien

24. September

Keine Trottoir-Gastronomie bei Kälte

Ein sonniger, wenn auch etwas kühler Herbsttag lädt zum Flanieren und auch zum Besuch von Straßencafés und Biergärten ein, die jetzt häufig mit Heizstrahlern für die nötige Gemütlichkeit sorgen. Doch elektrische Direktbeheizung ist die umweltschädlichste Art zu heizen. Ein Großteil der eingesetzten Energie geht ungenutzt verloren. **TIPP: Verzichten Sie auf künstlich angeheizte Trottoir-Gastronomie.**

Vulkan Pinatubo, Philippinen

Fastfood zu empfehlen

Schnellkochtöpfe sind ein beliebtes Geschenk, besonders wenn einem für die Tante, Schwiegermutter und Oma nichts mehr einfällt. Doch auch für den modernen Singlehaushalt sind Schnellkochtöpfe sehr zu empfehlen. Verglichen mit herkömmlichen Kochtöpfen, sparen Sie beim Garen der Speisen mit Schnellkochtöpfen bis zu 70 Prozent der Zeit und bis zu 50 Prozent an Energie.
TIPP: Schnellkochtöpfe verhindern auch Kochgeruch und Küchendünste. Durch die Verwendung von Kocheinsätzen kann ein komplettes Gericht in einem Topf gegart werden.

Wrack, Mexiko

Vogelschutz mit Apfelmost

Ein rotbäckiger Apfel gilt als Inbegriff einer gesunden Ernährung. Von den über 3000 Apfelsorten Mitteleuropas sind nur 60 im deutschen Handel erhältlich. Die meisten Äpfel stammen aus wirtschaftlichen Kurzstamm-Obstbaumplantagen. Ökologisch interessant sind allerdings die alten, hohen Obstbäume der Streuobstwiesen. Streuobstwiesen sind das Genreservoir alter Regionalsorten und bieten vielen inzwischen selten gewordenen Tierarten Lebensraum, darunter Steinkauz, Sumpfmeise, Gartenbaumläufer, Gartenrotschwanz, Gimpel, Ortolan, Stieglitz, Wiedehopf und Neuntöter. **TIPP: Hochstämmige Apfelsorten von Streuobstwiesen werden auch und vor allem als Fallobst bei der Herstellung von Apfelmost genutzt. Wer Apfelmost aus regionaler Produktion kauft, unterstützt die Streuobstwiesen.**

Krebse, Galapagos

Wochenende unter Elchen und Wölfen

Die neue Wildart, die sich anschickt, in Deutschland heimisch zu werden, ist mit über zwei Meter Schulterhöhe und über 800 Kilo Gewicht nicht zu übersehen: der Elch. Immer wieder wird die große Hirschart in den Grenzregionen Deutschlands gesichtet, vor allem in Mecklenburg-Vorpommern, Sachsen, aber auch in Bayern. Seit dem Fall des Eisernen Vorhangs lassen sich neben Elchen auch Wölfe und Luchse in den grenznahen Regionen der Republik nieder. Diese Regionen gelten jedoch als wirtschaftlich benachteiligt. **TIPP: Haben Sie mal daran gedacht, sich einen Zweitwohnsitz oder ein Wochenendhaus am Rande von Deutschlands letzter Wildnis einzurichten? Studien aus den USA zeigen, dass in der Peripherie von Wildnisgebieten die Immobilienpreise um 30 bis 40 Prozent höher sind als in landschaftlich uninteressanten Gebieten desselben Bundesstaates. In Deutschland muss es sich erst noch herumsprechen, dass intakte Landschaften auch einen ökonomischen Wert haben.**

Elche, Alaska

28. September

Mit Experten zu den grünen Inseln

In zersiedelten Landschaften ziehen viele Tier- und Pflanzenarten den Kürzeren. Dennoch ist Deutschland wilder, als man denkt. Die Seen werden zu Rückzugsgebieten von Wasservögeln, in den Vorstädten tummeln sich Wildschweine, und es röhren bisweilen sogar Hirsche. Ganz in der Nähe eines häufig benutzten Wanderweges kann man einen Waldkauz rufen hören. **TIPP: Naturkundliche Exkursionen werden von vielen Volkshochschulen angeboten. Die Referenten sind Experten, die Ihnen verraten können, welche interessanten Lebensräume es ganz in Ihrer Nachbarschaft zu entdecken gibt.**

Insel Maui, Hawaii

29. September

Kaufen Sie Artenvielfalt

Artenvielfalt ist ein wichtiger Bestandteil der biologischen Vielfalt, welche zusätzlich die Vielfalt der Lebensräume und Ökosysteme sowie die genetische Vielfalt umfasst. Sie ist Lebensgrundlage des Menschen und eines leistungs- und funktionsfähigen Naturhaushaltes. Die »letzten Wildnisse der Erde« sind nicht die einzigen Regionen der Artenvielfalt. Als sich die Bewohner des Waldlandes Deutschland vor etwa 6000 Jahren von Jägern und Sammlern zu Ackerbauern und Viehzüchtern entwickelten, wanderten viele Tierarten in die neue Kulturlandschaft ein. Feldhasen, Fasane, Rebhühner, Wachteln, aber auch die Weißstörche gelten als sogenannte Kulturfolger. Erst durch intensive Landwirtschaft werden sie vertrieben. **TIPP: Traditionelle Landwirtschaft und alte Obstsorten, aber auch alte Nutztierarten sorgen für eine vielfältige Landschaft. Wer es sich zeitlich und finanziell leisten kann, sollte vornehmlich auf Wochenmärkten einkaufen und dort nach biologisch erwirtschafteten Produkten aus der Region fragen.**

Kap-Farvel-Region, Grönland

Gemütlichkeitsfaktor daheim

Langsam hält der Herbst Einzug. Die Heizölkosten werden wieder zum Thema. Auch ohne besondere Vorkehrungen wie Wärmedämmung oder den Einbau von Spezialfenstern lassen sich in jedem Haus Heizkosten sparen. Überprüfen Sie hierzu zunächst den Gemütlichkeitsfaktor Ihrer Wohnung anhand der Freizeitkleidung, die Sie daheim tragen. Westen aus Fleece und Filzgaloschen sorgen dafür, dass Sie eine leichte jahreszeitlich bedingte Absenkung der Innenraumtemperaturen ausgleichen. **TIPP: Senken Sie beim Verlassen der Wohnung die Temperatur ab, bzw. schließen Sie die Thermostatventile ganz. Heizen Sie nur so viel wie nötig: Eine Verringerung der Raumtemperatur um ein Grad vermindert die Heizkosten um sechs bis acht Prozent. Eine Heizkostenreduktion von fünf bis zehn Prozent können Sie dadurch erreichen, dass Sie nachts die Temperatur in Ihrer ganzen Wohnung auf 16 bis 18 °C senken oder die Heizung ganz abstellen.**

Tassili du Hoggar, Algerien

1. Oktober

Segensreiche Saugglocke

Abgesehen vielleicht von Junggesellenbuden sind die Toiletten in den meisten Wohnungen die saubersten Räume des Hauses. Der Grund hierfür ist, dass sie nicht nach dem riechen sollen, was ihre Zweckbestimmung ist. Während man früher zur Säuberung ein hochgiftiges C-Waffenarsenal bereithielt, werden Toilettenreinigungsmittel (z. B. auf Essigbasis) immer umweltverträglicher. Andererseits sind Mittel, die zur Beseitigung von Abflussverstopfungen verwendet werden, nach wie vor ätzend und hochproblematisch. **TIPP: Verstopfungen werden auch dadurch verursacht, dass wegen der beliebten Wasserspartaste zu wenig Wasser auf das Hindernis drückt! Passen Sie die Sparsamkeit beim Spülen dem tatsächlichen Bedarf an, und versuchen Sie es im Fall einer Verstopfung vorher immer mit Klobürste, Saugglocke und Rohrreinigungsspirale. Meist lässt sich bereits durch die Saugglocke der Stau im Klo ganz ohne Chemie beseitigen.**

Schmelzwasser, Grönland

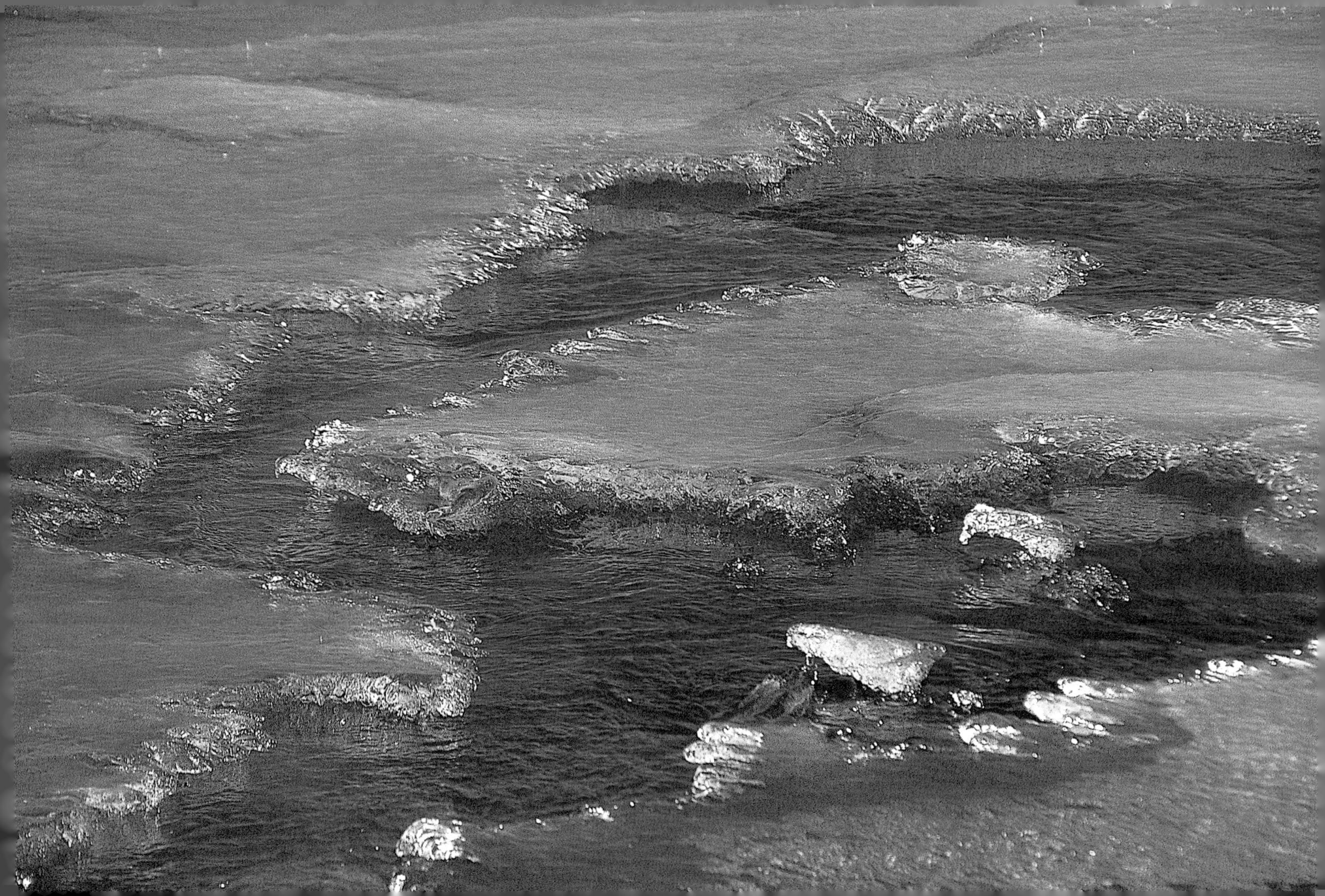

2. Oktober

Mobilität in Grün

Ist Ihnen schon mal aufgefallen, wie viel Grün in den Werbefilmen für Autos vorkommt? Die chromglänzenden Karossen brettern über kurvige Pisten, die meist durch wunderschöne Landschaften führen. Doch die Realität sieht anders aus: Staus in Innenstädten und monotone Fahrten auf Autobahnen, die an kilometerlangen Schallschutzmauern vorbeiführen. Auch wenn man durch das Auto ein bisschen Zeit spart, am Schluss bleibt häufig noch die enervierende Suche nach dem Parkplatz in den Häuserschluchten. **TIPP: Wer vom Pkw aufs Rad umsteigen will, sollte sich die Strecken, die öfter gefahren werden sollen, vorher auf einer Karte ansehen. Vermeiden Sie als Radfahrer Straßen, die Sie als Autofahrer nehmen würden. Suchen Sie nach Schleichwegen, die durch Parks und Alleen führen. Auch wenn Sie dafür kleinere Umwege in Kauf nehmen müssen, kommen Sie mit Sicherheit in wesentlich besserer Verfassung im Büro an als der Kollege, der 20 Minuten nach einem Parkplatz gesucht hat.**

Sandstein (Detail), Tschad

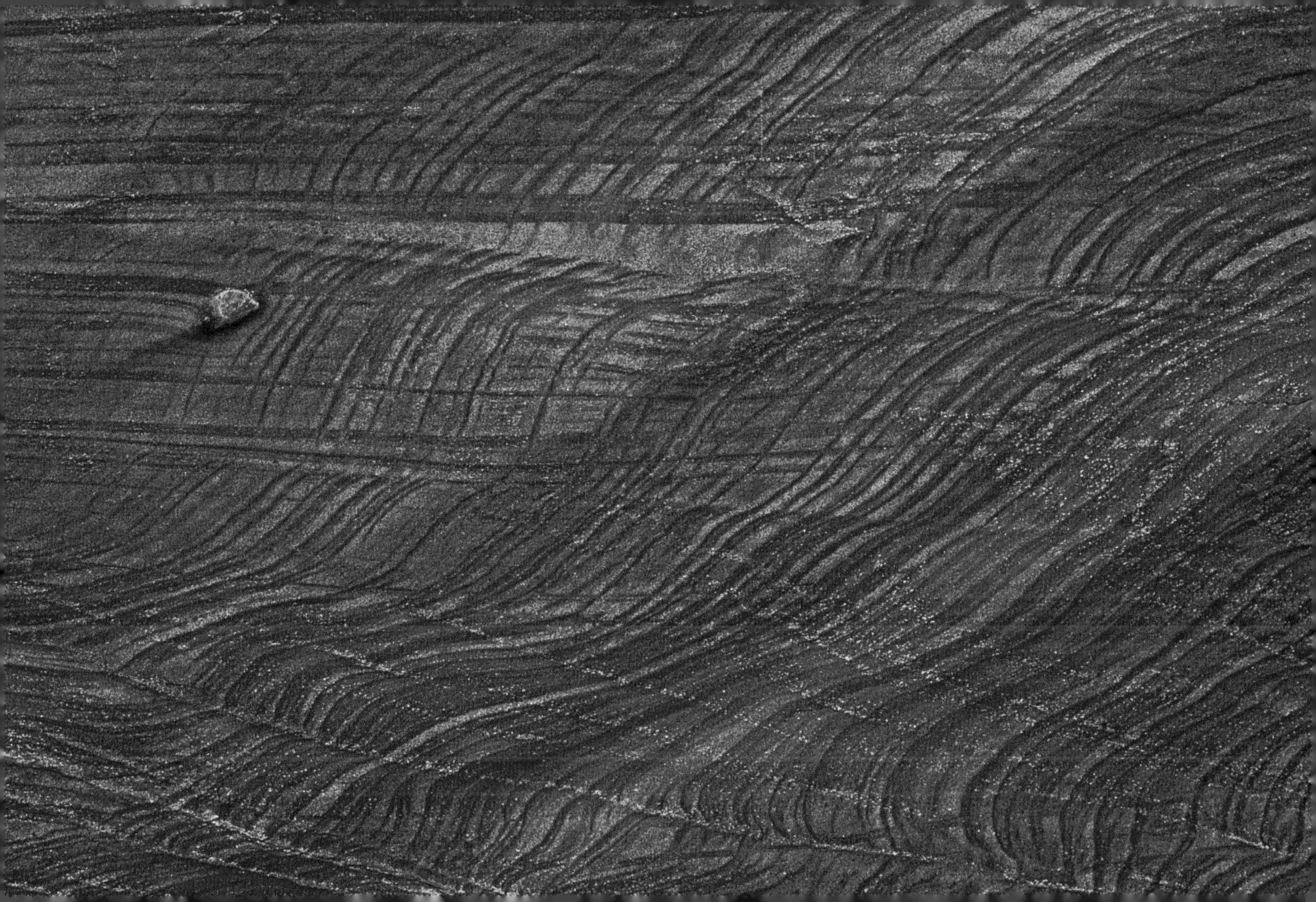

3. Oktober

Gutes Leben im Treibhaus

Hausbesitzer können die Wohnfläche durch einen Wintergarten vergrößern. Wintergärten sind durch neuartige Gläser besonders energieeffizient. Sie sparen Heizkosten, indem sie Sonnenwärme aufnehmen, aber nicht mehr entweichen lassen. Große Topfpflanzen in den Wintergärten tragen nicht nur zu besserer Atmosphäre und Luftqualität bei. **TIPP: Firmenneutrale Informationen rund um Planung, Bau und Einrichtung eines Wintergartens finden Sie unter www.wintergarten.de.**

Fjord, Südgrönland

4. Oktober

Abenteuer im Meeresaquarium

Um den Zauber der Unterwasserwelt kennen zu lernen, braucht man weder Schnorchel, Schwimmflossen noch Lungenautomat. Dank neuer technischer Möglichkeiten sind Aquarien längst nicht mehr die Stiefkinder des Zoos. Die Attraktionen verschlagen einem die Sprache: Ohne nass zu werden, kann man sich in begehbaren gläsernen Tunnels und mehrstöckigen Aufzügen mitten unter Barrakudaschwärmen, Haien und Tintenfischen bewegen. TIPP: **Große begehbare Meeresaquarien gibt es unter anderem in Konstanz, Nürnberg, Speyer, Oberhausen, Berlin, Dresden und am Timmendorfer Strand. Infos finden Sie unter www.sealife.de.**

Skorpionfisch, Australien

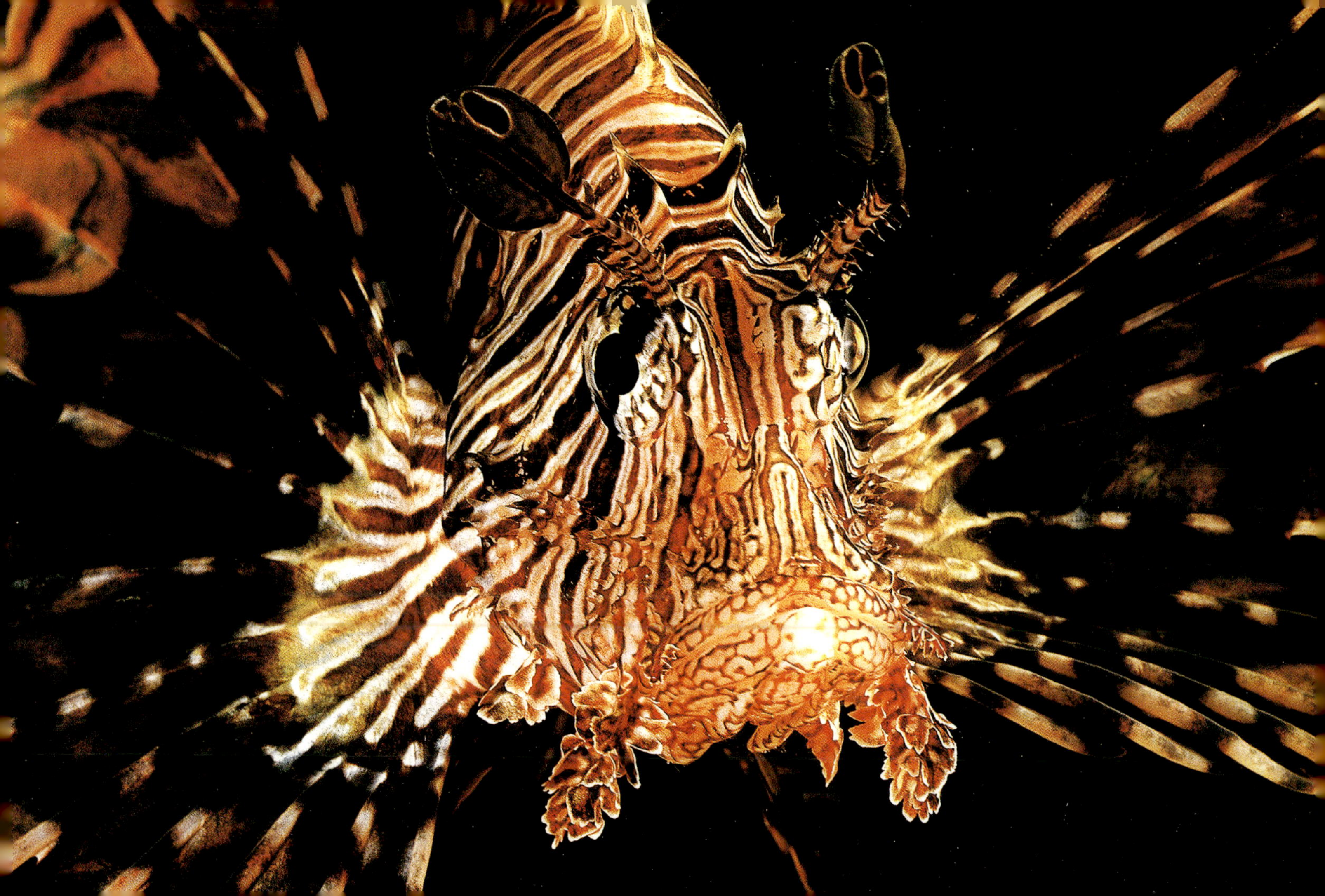

Syndrom X im Büro

Die übliche Arbeitsplatzbeschreibung in einem durchschnittlichen Büro lässt sich reduzieren auf sieben Stunden am Schreibtisch und Computer und eine Stunde Essengehen zwischendrin, unterbrochen vielleicht noch durch ein Stück Kuchen zum Nachmittagskaffee. Mit anderen Worten: Büroangestellte sind die klassischen Kandidaten für das sogenannte metabolische Syndrom, das auch als »Syndrom X« bezeichnet wird. Es zeichnet sich durch Symptome wie erhöhte Blutfettwerte, Bluthochdruck, erhöhten Blutzucker und bauchbetontes Übergewicht aus. Syndrom X gilt als Vorstufe zu Herz-Kreislauf-Erkrankungen wie Arteriosklerose, Schlaganfall und Herzinfarkt. **TIPP: Wenn Sie in die Mittagpause »gehen«, dann tun Sie das auch! Setzen Sie sich nicht gleich wieder in die Kantine oder in ein Restaurant. Gehen Sie spazieren über Mittag, und beschränken Sie sich auf ein leichtes Mittagessen.**

Nördlicher Wald, Finnland

Überparteilich Sonnenenergie

Die meisten Deutschen sind für Solarenergie, egal, welcher politischen Richtung sie angehören. Fast 90 Prozent der Deutschen, darunter 92 Prozent der Grünen-Wähler, 90 Prozent der SPD-Wähler, 90 Prozent der FDP-Wähler und 80 Prozent der CDU/CSU-Wähler, befürworten eine stärkere Nutzung der Sonne, hat das Forsa-Institut errechnet. Doch die Lebenswirklichkeit sieht anders aus: Die meisten Deutschen sind zwar für Solar- und Windstrom, beziehen aber den Großteil ihres Stroms aus Atomkraftwerken. Und das, obwohl, so der Umweltjournalist Franz Alt, »der Umstieg vom Atomstrom zu Ökostrom von jedermann und jederfrau in wenigen Minuten organisiert werden kann«.

TIPP: Informieren Sie sich über Photovoltaik. Neuigkeiten zur Entwicklung der Solarenergie finden Sie z. B. unter www.umweltjournal.de oder direkt bei Franz Alt (www.sonnenseite.com).

Krakatau-Vulkan, Indonesien

Wale beobachten

Wale und Delfine faszinieren viele Menschen. »Whale watching« – so wird der Waltourismus international bezeichnet. Er erfreut sich immer größerer Beliebtheit und erzielt Milliardenumsätze. Neben den USA, wo das »Whale watching« seinen Ursprung hat, gibt es längst auch spannende Walexkursionen in Südafrika, Australien, Neuseeland, Alaska, vor den Kanarischen Inseln und an der Straße von Gibraltar. **TIPP: Wer Wale und Delfine beobachten will, sollte darauf achten, ob es eine Einführung von einem Naturführer oder Biologen gibt und ob das Boot immer den nötigen Abstand (mindestens 100 Meter) zu den Tieren hält. Weitere Infos finden Sie unter www.cetaceen.de. Sie können den Begriff »Whale watching« auch unter www.abenteuer-reisen.de als Suchwort eingeben.**

Buckelwale, Polynesien

Keine Blumenerde aus Torf

Durch den Abbau von Torf sind laut Bund für Umwelt und Naturschutz Deutschland (BUND) jahrtausendealte Moorlandschaften in Deutschland um 90 Prozent geschrumpft. Moore sind Rückzugsräume für jene seltenen Pflanzen, die nährstoffarme Böden brauchen. Auch manch seltene Vogelart lebt hier, wie etwa Brachvogel, Wachtelkönig oder Birkhuhn. Außerdem leisten Moore einen wichtigen Beitrag zum Klima- und Hochwasserschutz, da sie das Wasser besonders gut speichern können. **TIPP: Zu den letzten Gartenarbeiten der Saison gehört das Setzen von Blumenzwiebeln (vgl. auch Tipp 16. Oktober), aber auch die winterharte Dauerbepflanzung von Kübelpflanzen. Kaufen Sie dazu nur torffreie Blumenerde, die aus Holzfasern, Flachs, Rindenhumus oder Biokompost hergestellt wird. Kompost ist sehr viel nährstoffreicher als Torf. Somit erübrigt sich eine künstliche Düngung. Kompost kann in Kompostwerken erworben oder im eigenen Garten oder in einer Kiste auf dem Balkon selbst hergestellt werden.**

Mount-Rainier-Nationalpark, USA

Die Spur des Wassers

Wasser ist die Quelle allen Lebens. Wir sind vollkommen abhängig von diesem Element. Wasser ist der wichtigste Bestandteil alles Lebendigen: 65 Prozent unseres Körpers und 75 Prozent unseres Gehirns bestehen aus Wasser. Auch aus der Wirtschaft ist Wasser nicht wegzudenken: Weder ist die Landwirtschaft ohne Bewässerungssystem denkbar, noch lässt sich irgendein industriell angefertigtes Produkt vorstellen, das während der Produktion völlig ohne Wasser auskommt. Wir brauchen Wasser zur Vorbereitung unserer Nahrung. Wasser löscht den Durst und sorgt für frische Energie, Wasser bringt Spaß in der Freizeit und sorgt für Hygiene und warme Behaglichkeit.

TIPP: Wissen Sie, was mit »Ihrem« Wasser passiert, sobald es durch den Abfluss »verschwunden« ist? Unter www.klaerwerk-online.de bekommen Sie Antwort auf alle Fragen rund um das Thema Abwasser.

Stirnseite eines Gletschers, Grönland

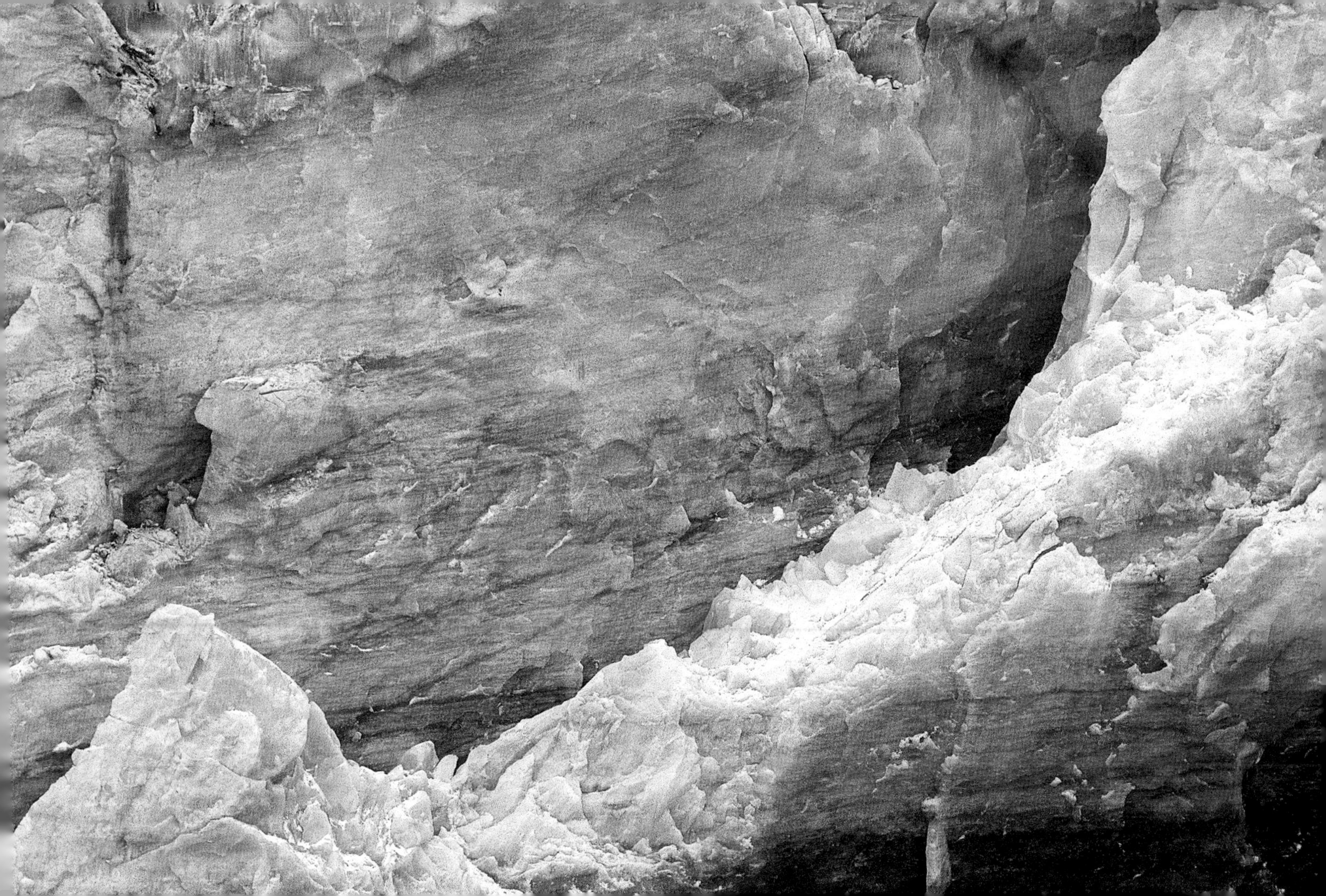

10. Oktober

Lektionen der Menschwerdung

Irgendwo hier im Ruwenzori-Gebirge in Ostafrika könnte es gewesen sein, dass einige Menschenaffen ihre Lebensräume verließen und ins Tal wanderten. Über Jahrtausende passten sich die Tiere an die neuen Verhältnisse an und wurden zur neuen Art, die es lernen musste, sich außerhalb der Wälder ohne die Hilfe von Bäumen und Ästen fortzubewegen. Der aufrechte Gang entwickelte sich, statt von den Früchten des Waldes zu leben, begannen sie sich vermehrt von Aasfressen und der Jagd zu ernähren. Die Forschungsdisziplin der »evolutionären Psychologie« beschäftigt sich mit der Entstehungsgeschichte der Menschen und damit, welche Konsequenzen sie für unsere heutige Psyche hat. **TIPP: Wenn Lebewesen, die anderthalb Millionen Jahre als Jäger und Sammler ihr Leben fristeten, fast ausschließlich hinter Computer, Schreibtisch und Lenkrad ihre Zeit verbringen, geht das nicht spurlos an ihnen vorüber. Die evolutionäre Psychologie hilft uns, viele physische und psychische Zivilisationskrankheiten zu verstehen. Mehr Informationen zu diesem Thema bietet der Band *Evolutionäre Psychologie* von David M. Buss (München 2004).**

Wald im Ruwenzori-Massiv, Uganda

11. Oktober

Flächenkompostierung mit Herbstlaub

Herbstlaub hat seinen ganz eigenen Zauber. Doch wenn sich die Blätter mit prächtigem Farbenspiel von den Bäumen verabschieden, beginnt für viele die harte Arbeit. Zu den häufig als besonders lästig eingestuften Pflichten rund ums Haus gehört das Laubrechen. Manchen vergällt der Laubfall sogar den goldenen Oktober. **TIPP: Auf Gemüsebeeten, Blumenrabatten und überall dort, wo der Boden als blanke Erde liegt, kann und sollte Laub als Schutz und natürlicher Dünger liegen gelassen werden. Gärtner bezeichnen dies als »Flächenkompostierung«. Zusammen mit Astabfällen bieten Laubhaufen zudem ideale Überwinterungslager für Igel.**

Altweibersommer, USA

12. Oktober

Erste Hilfe auf dem Berg und im Bad

Der Herbst ist die schönste Zeit, um in die Berge zu gehen. Wenngleich im Oktober meist mehr Verlass auf das Wetter ist als in vielen anderen Monaten, so bergen auch kleine Touren ein nicht unerhebliches Gefahrenpotential. Allerdings gilt nach wie vor, dass die meisten Unfälle im Haushalt passieren. Egal, ob daheim oder auf dem Berg – im Fall des Falles ist Verbandszeug meist dort, wo es vorschriftsmäßig hingehört: im Verbandskasten, und der liegt im Auto, das irgendwo weit weg steht. **TIPP: Halten Sie sowohl Ihre Reiseapotheke als auch Ihre Hausapotheke in Schuss, und entsorgen Sie abgelaufene Medikamente umweltgerecht. In die Miniapotheke gehören neben Schmerztabletten vor allem Mullbinden, elastische Binden, Verbandpäckchen, Heftpflaster, Wundpflaster, Sicherheitsklemmen, Pinzette, Verbandschere, Dreiecktuch und Bindfaden.**

Mount-Adams-Vulkan, USA

13. Oktober

Kaffeeküche-Einmaleins

Kaffee gehört in jedes Büro. Doch gerade bei Arbeiten, die höchste Konzentration erfordern, lassen wir den Kaffee oft kalt werden und kippen ihn dann in den Ausguss, um neuen zu machen. Der Bequemlichkeit halber wird neuerdings nicht nur die Kaffeesahne in Miniportionen bereitgehalten, sondern auch verschiedene Kaffeesorten, die energieaufwändig in Tassenportionen aufgebrüht werden. **TIPP: Machen Sie Ihre Kaffeeküche umweltfreundlich. Ersetzen Sie extrem müllintensive Miniportionen durch wieder verschließbare Kaffeedosen und Sahnefläschchen. Gegen den übermäßigen Kaffeeverbrauch, der mit wiederholtem Kaffeemachen verbunden ist, helfen Thermostassen mit Deckel. Wenn Sie diese verwenden, ist es auch nicht tragisch, wenn die Tasse einmal umkippt.**

Schwämme, Australien

Umweltbewusstes Gasgeben

Durch kluge Nutzung des Autos lassen sich Umweltbelastungen deutlich reduzieren. Verzichten Sie auf kurze Fahrten. Kurze Fahrten verbrauchen besonders viel Benzin, setzen entsprechende Abgase frei und sind unwirtschaftlich. Der Spritverbrauch eines Mittelklassewagens steigt beim Start auf bis zu 40 Liter pro 100 Kilometer. Erst nach etwa vier gefahrenen Kilometern pendelt sich der Verbrauch bei durchschnittlich acht Litern ein. Ruhiges Gasgeben, frühzeitiges Hochschalten, niedrigtouriges und vorausschauendes Fahren können bis zu 30 Prozent Sprit sparen. Besonders viel Benzin verbrennt der Motor auf der Autobahn: Bei 160 km/h ist der Verbrauch fast doppelt so hoch wie bei Tempo 100. **TIPP: Umweltbewusste Autofahrer achten bereits beim Kauf auf Modelle, die wenig Benzin verbrauchen. Eine Liste mit den umweltfreundlichsten Autos wird jedes Jahr vom Verkehrsclub Deutschland (VCD) herausgegeben. Außerdem wird dort ein kostenloser Mitfahrdienst angeboten, im Internet zu finden unter www.vcd.org.**

Baumstamm (Detail), USA

Lebensmittelshopping ohne Eile

Das Motto »Zeit ist Geld« gilt nicht immer. Wer, um Zeit zu sparen, das Schlangestehen an der Fleisch- und Käsetheke durch den Kauf von abgepackten Käse-, Wurst-, Fisch- oder Fleischprodukten vermeiden will, schadet der Umwelt und zahlt drauf. Meist sind fertig verpackte Wurst- oder Käsescheiben teurer als beim Metzger um die Ecke, am Marktstand oder an der Frischetheke im Supermarkt. Außerdem haben Stichproben ergeben, dass Frische und Qualität der Lebensmittel meist schlechter waren und ihr minderer Zustand durch die Plastikverpackung kaschiert wurde. **TIPP: Nehmen Sie sich Zeit beim Einkaufen und lassen Sie sich den Aufschnitt nach Gusto zusammenstellen. Das schmeckt nicht nur besser, sondern so vermeiden Sie auch einen Haufen Plastikmüll.**

Rosa Flamingos, Kenia

Countdown für Tulpenzwiebeln

Der erste Börsencrash der Welt fand bereits im 17. Jahrhundert statt, als in den Niederlanden 1637 der Markt für Tulpenzwiebeln zusammenbrach. Tausende hatten ihr Vermögen in Tulpenzwiebeln investiert, nachdem die Preise für die damals seltenen Importpflanzen in astronomische Höhen geschnellt waren. Vom Grafen bis zum Knecht spekulierten die Menschen so lange mit den Zwiebeln, bis Preis und Wert in keinem reellen Verhältnis mehr standen. 1636 war eine einzige Zwiebel beispielsweise einen »neuen Wagen, samt Geschirr und zweier grauer Pferde«, wert. **TIPP: Noch ist Zeit, sich Zwiebeln von Narzissen und Tulpen zu besorgen und rechtzeitig vor dem Frost unter die Erde zu bringen. Auch Krokusse, Schneeglöckchen und Blaustern sollten jetzt gesetzt werden. Diese drei Arten verselbständigen sich übrigens rasch und vermehren sich im folgenden Frühling häufig ganz ohne unser Dazutun.**

Death-Valley-Nationalpark, USA

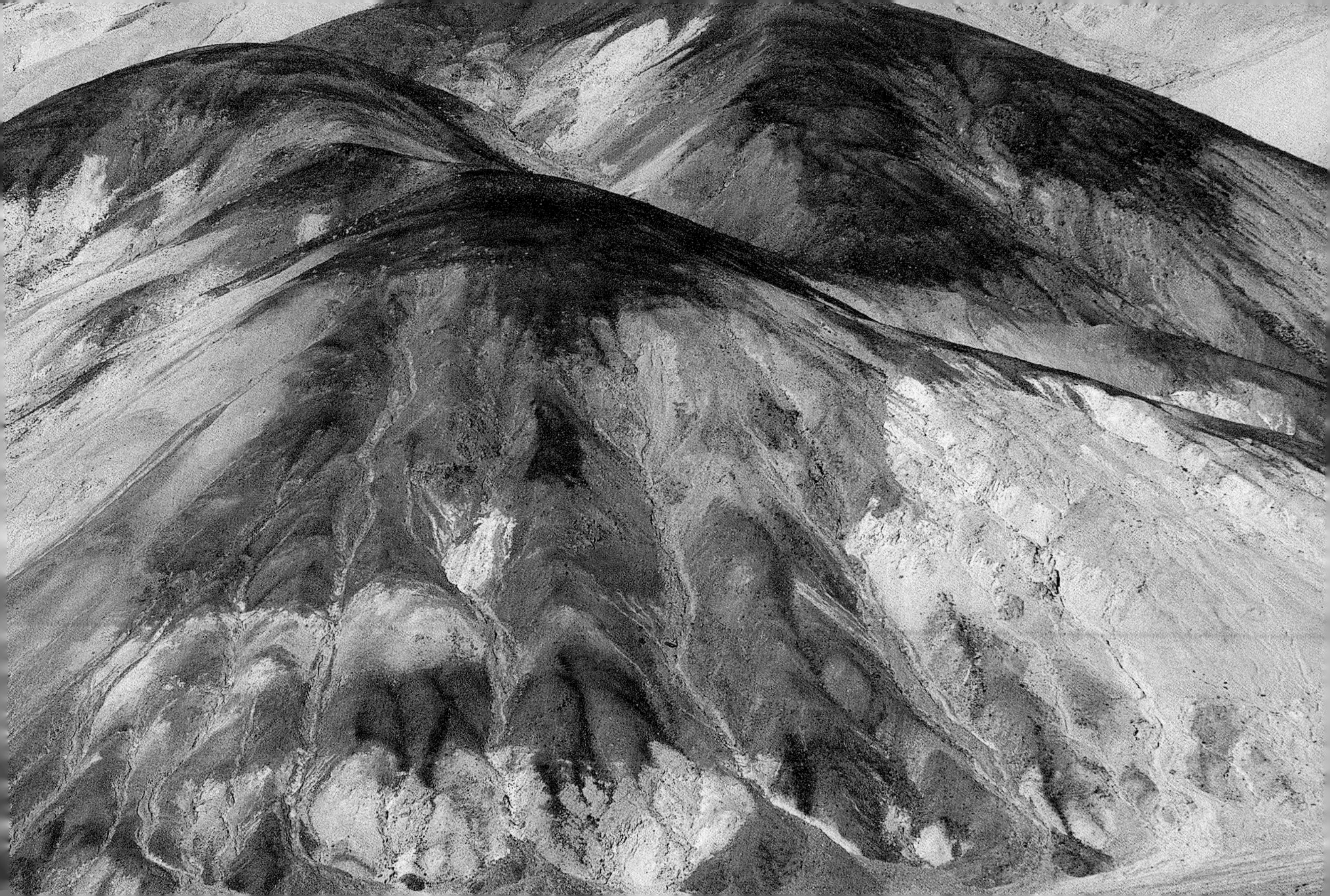

Kräuterbadezusatz selbst gepflückt

Allein für Badezusätze geben die Deutschen jährlich rund 200 Millionen Euro aus. Vom klassischen Schaumbad geht der Trend zu sogenannten Wellness-Badezusätzen, die oft mit dem Slogan »100 Prozent Natur« beworben werden. Laut BUND (Bund für Umwelt und Naturschutz) enthalten duftende Schaumbäder und Öle oft bedenkliche Substanzen, die dem Körper eher schaden als nutzen. Einige dieser Inhaltstoffe schädigen nicht nur die Umwelt, sondern greifen auch die Haut an, statt sie zu pflegen. **TIPP: Probieren Sie doch mal, Ihre Badezusätze selbst herzustellen. Legen Sie dazu eine Hand voll Fichtennadeln, Rosmarin oder Lavendel in ein Baumwollsäckchen, und hängen Sie dieses unter das einlaufende Badewasser.**

Glacier-Nationalpark, USA

18. Oktober

Naturdämmstoffe

Je kühler es draußen wird, desto länger halten wir uns in geschlossenen Räumen auf. Trotzdem ist für die meisten Menschen die Gesundheits- und Umweltverträglichkeit von Baumaterial eher nebensächlich. Zur Wärme- und Schallisolation eignen sich natürliche Materialien wie Flachs, Hanf, Stroh oder Schafswolle aus geprüfter ökologischer Produktion. Sie regulieren die Luftfeuchtigkeit besonders gut, enthalten keine Schadstoffe und schaffen so ein angenehmes und gesundes Raumklima. Darüber hinaus belastet ihre Herstellung die Umwelt weit weniger als herkömmliche Materialien.

TIPP: Beim Bundesministerium für Verbraucherschutz, Ernährung und Landwirtschaft (BMVEL) gibt es ein Förderprogramm für nachwachsende Rohstoffe. Naturdämmstoffe können bis zu 40 Euro pro Kubikmeter gefördert werden. Nähere Infos dazu finden Sie unter www.naturdaemmstoffe.info.

Yellowstone-Nationalpark, USA

Wölfe in Deutschland

Nach rund 150 Jahren wurden im Jahr 2000 in Deutschland erstmals wieder Wolfswelpen von einer in Freiheit lebenden Wölfin geboren. Die Geburt der Jungwölfe in der sächsischen Oberlausitz war der Beweis, dass sie wieder heimisch geworden sind. Derzeit leben etwa sechs bis zehn Wölfe in Sachsen. Nach Berechnungen der Wildbiologen eignen sich Gebiete wie die Märkische Schweiz und die Schorfheide für die Tiere sogar besser als etwa Wildnisgebiete im Norden Kanadas. In der Schorfheide treffen die Wölfe wegen des hohen Reh- und Hirschbestandes auf wesentlich mehr Beutetiere pro Quadratkilometer als in Kanada. **TIPP: Lernen Sie die wilden Gebiete Deutschlands kennen und die potentiellen und tatsächlichen Lebensräume von Wölfen. Die sagenumwobene Schorfheide ist besonders im Herbst einen Besuch wert. Wer sich für Wölfe in Deutschland stark machen möchte, kann eine Wolfspatenschaft beim Naturschutzbund Deutschland (NABU) übernehmen. Unter www.nabu.de gibt es alles Wissenswerte rund um Wölfe.**

Kojote, USA

20. Oktober

Auf großem Fuß leben

Überprüfen Sie die Umweltverträglichkeit Ihres Lebensstils, indem Sie Ihren »ökologischen Fußabdruck« berechnen: Der ökologische Fußabdruck zeigt, wie viel Land- und Meeresfläche notwendig ist, um das zu produzieren, was Sie verbrauchen, und um Ihre Abfälle aufzunehmen. Je mehr Rohstoffe und Güter verbraucht werden, desto größer wird der »ökologische Fußabdruck« und umso ungünstiger sind die Auswirkungen der eigenen Lebensweise auf die Umwelt. **TIPP: Der/die durchschnittliche Deutsche hat einen Fußabdruck von 4,7 Hektar im Jahr. Um zu berechen, ob Sie darunter oder darüber liegen, klicken Sie sich ein unter www.latschlatsch.de.**

Schlammquelle, Kamtschatka, Russland

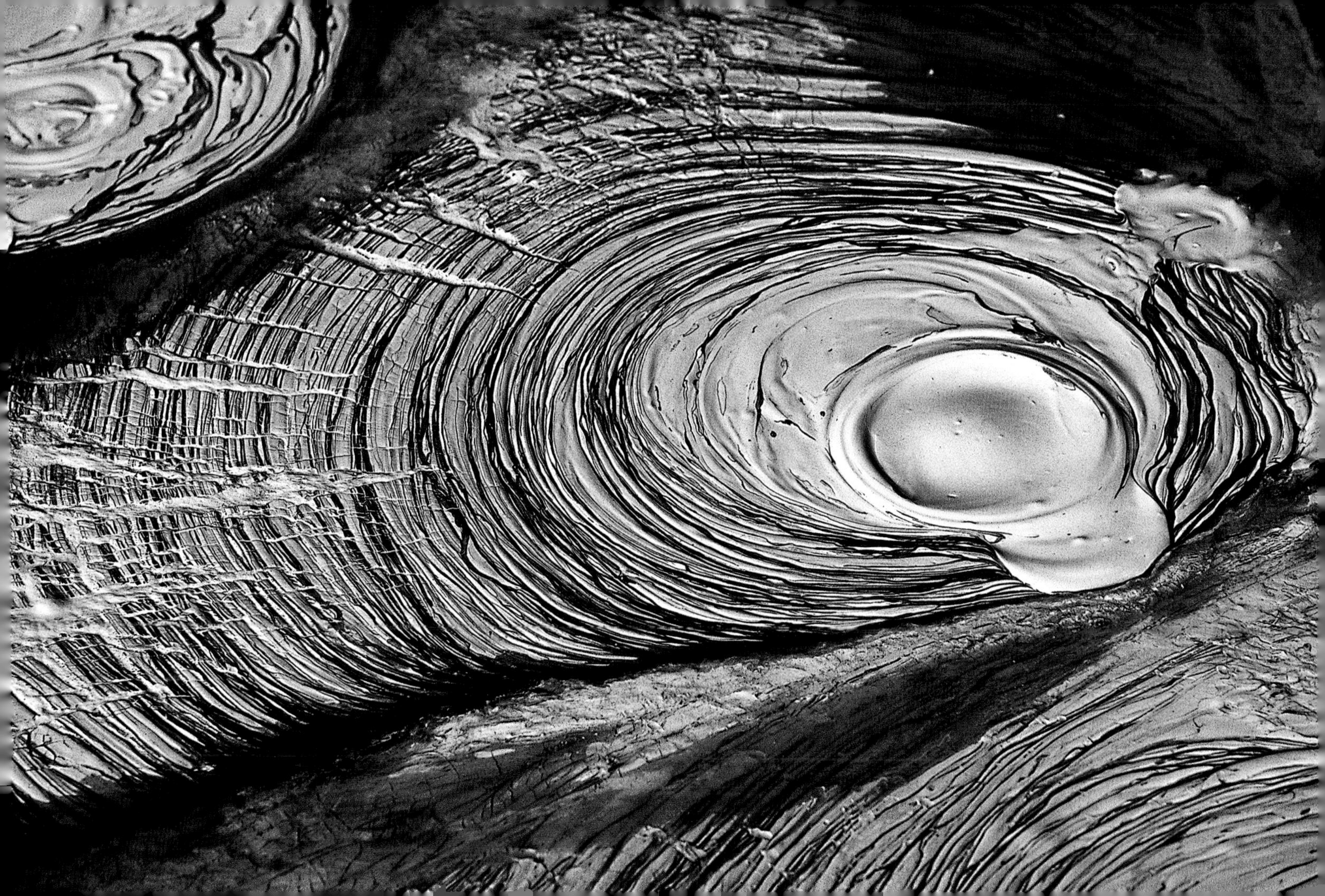

Umweltfreundlich fotografieren

Digitalkameras werden immer beliebter. Doch die Erwartungen, dass sich mit der neuen Fototechnik der Einsatz giftiger Chemikalien verringern ließe, haben sich nicht erfüllt. Denn durch die neue Technik werden wesentlich mehr Bilder entwickelt. Die dabei verwendeten Fotochemikalien sind zum Teil sehr giftig und müssen als Sondermüll entsorgt werden. Ein entscheidender Vorteil von digitalen Bildern ist die Archivierungsmöglichkeit auf dem Computer. Nehmen Sie sich Zeit, um die schönsten Bilder am Monitor auszuwählen und ausdrucken zu lassen. **TIPP: Verschenken Sie Bilder digital auf CD oder per E-Mail. Da Digitalkameras viel Strom verbrauchen, sollten Sie darauf achten, Akkus zu wählen, welche die Umwelt weniger belasten. Laut Bund für Umwelt und Naturschutz (BUND) sind Nickel-Metallhydrid- oder Lithium-Ionen-Akkus besser als Nickel-Cadmium-Akkus.**

Wüste in Namibia

22. Oktober

CDs entsorgen

CDs und DVDs bestehen zu einem Großteil aus Polycarbonat, das aus dem knapper werdenden Rohstoff Öl hergestellt wird. Rund 30 Milliarden CDs kommen pro Jahr auf den Markt. Die CD-Lawine nimmt immer größere Ausmaße an, da inzwischen vermehrt Werbe-CDs kostenlos verteilt werden. Immer mehr silberne Scheiben landen im Hausmüll. **TIPP: Alte CDs und DVDs können Sie an Sammelstellen abgeben oder zu Recyclingfirmen bringen. Am besten lassen sich die Scheiben auf Spindeln sammeln. CDs mit heiklen Daten können durch einen breiten Ritzer unleserlich gemacht werden. Infos zum Thema CD-Recycling gibt es beim Umweltbundesamt: www.umweltbundesamt.de (Suchwort CD-Recycling eingeben!).**

Tassili n'Adjer, Algerien

Kalk im Wasser

Je nach Wasserhärte enthält Wasser unterschiedlich viel Kalzium und hinterlässt unerwünschte Flecken auf Geschirr, Armaturen und Fliesen. Verkalkte Boiler, Waschmaschinen und Wasserkocher verbrauchen mehr Strom und gehen früher kaputt. Heizstäbe mit einem Kalkbelag von nur fünf Millimetern verbrauchen bereits 30 Prozent mehr Energie. **TIPP: Haushaltsgeräte können mit Zitronensäure entkalkt werden, ganz ohne aggressives umweltschädliches Entkalkungsmittel. 30 Gramm pro Liter Wasser reichen meist aus. Eine verkalkte Waschmaschine kann mit sechs bis acht Esslöffel Zitronensäure in der Trommel und einem Leerwaschgang bei 95 °C gereinigt werden.**

Fluss, Island

Biokunststoffe

Biologisch Abbaubare Werkstoffe (BAWs) bzw. Biokunststoffe werden überwiegend aus nachwachsenden Rohstoffen wie Stärke, Zucker oder Pflanzenölen gewonnen. Mittlerweile werden Einkaufs- und Mülltüten, Partygeschirr und Plastikbecher, Blumentöpfe, Obst- und Gemüseverpackungen, Umverpackungen für Windeln oder Mulchfolien für den Garten und die Landwirtschaft aus BAWs hergestellt. **TIPP: Achten Sie bei Kunststoffen auf das Signet mit der Schleife und Doppelblatt und die Aufschrift »kompostierbar«. Infos gibt es bei der Interessengemeinschaft »Biologisch Abbaubare Werkstoffe e. V.« und im Internet unter www.ibaw.org.**

Kaiserpinguine, Antarktis

Problematische Laptops

Dank technischer Weiterentwicklungen sind die Preise für handliche Klappcomputer (Laptops) gesunken und deren Leistungen gestiegen. Immer mehr Computernutzer kaufen sich statt eines Schreibtischcomputers (Desktop) einen Laptop. Desktops haben eine bessere Umweltbilanz als Laptops, denn die Herstellung von leichten Kleinstteilen erfordert den besonderen Einsatz von Rohstoffen. In einem Mikrochip von 0,1 Gramm stecken über 20 Kilogramm Erde, Metall und Mineralien. Insgesamt kostet die Herstellung eines Laptops doppelt so viel Material und Energie wie die eines Desktops. Zudem enthalten die Akkus giftige Chemikalien, die entsorgt werden müssen.

TIPP: Wägen Sie ab, ob Sie einen Laptop brauchen und wie oft Sie tatsächlich unterwegs arbeiten müssen.

Lava, Kilauea-Vulkan, Hawaii

26. Oktober

Fahrziel Natur

»Erleben, erholen und erhalten« – so heißt das Motto der Aktion »Fahrtziel Natur«, die von der Deutschen Bahn und mehreren Umweltverbänden durchgeführt wird. Entdecken Sie mit der Bahn mehr als ein Dutzend besonderer Naturgebiete in Deutschland. Rabattaktionen, Kombitickets, touristisch-ökologische Highlights werden laufend angeboten. Im Angebot sind u. a. das Niedersächsische Wattenmeer, der Nationalpark Jasmund, das Biosphärenreservat Südostrügen, der Naturpark Uckermärkische Seen und das Biosphärenreservat Schorfheide, der Nationalpark Eifel und der Naturpark Frankenwald. TIPP: **Die Aktion ist im Internet unter www.fahrtziel-natur.de zu finden. Dort gibt es alle Informationen, die Sie für eine Reiseplanung in diese Naturregionen benötigen.**

Geysir, Bogoria-See, Kenia

Nationalpark Harz

Der Harz wird in einem aktuellen TV-Werbespot als ein absolut uncooles Arme-Leute-Reiseziel beschrieben. Lassen Sie sich davon nicht beeinflussen. Der Nationalpark Harz im Zentrum der Bundesrepublik ist Abenteuerland pur, eine artenreiche Mittelgebirgslandschaft mit Wäldern, Mooren und Wildbächen. **TIPP: Themenbezogene Erlebniswanderungen (etwa: »Wo Luchs und Wildkatze jagen«) werden angeboten unter www.nationalpark-harz.de. Das Jahresprogramm ist bei der Nationalparkverwaltung Harz, Oderhaus, 37444 St. Andreasberg, erhältlich.**

Mammutbäume, USA

Erdgas im Auto

Erdgas ist ein umweltschonender Kraftstoff. Es wird in Rohren zu den Verteilzentren transportiert und verursacht bei der Verbrennung deutlich weniger Emissionen als Benzin. Laut Bund für Umwelt und Naturschutz (BUND) lohnt es sich, beim Autofahren auf Erdgas umzusteigen. Denn nicht nur die Anschaffungskosten sind gesunken, auch das Verteilernetz soll in Deutschland in den nächsten vier Jahren von derzeit über 300 auf 1000 Tankstellen ausgebaut werden. Nach Angaben des BUND sind die Preise für serienmäßig hergestellte Erdgasautos mittlerweile mit denen von Dieselautos vergleichbar. **TIPP: Wer sein Benzinfahrzeug auf Erdgasantrieb umrüsten lassen will, muss mit Kosten zwischen 2000 und 5000 Euro rechnen. Mehr Infos dazu unter www.erdgasfahrzeuge.de.**

Eisberg, Grönland

29. Oktober

Strahlungsarme Handys

Handys sind inzwischen für die meisten Bundesbürger unverzichtbar. Gleichzeitig klagen immer mehr Menschen über Beschwerden wie Kopfschmerzen oder Schlaflosigkeit in Folge elektromagnetischer Strahlung. Obwohl der genaue Zusammenhang zwischen Elektrosmog und Gesundheitsbeschwerden noch nicht geklärt ist, wurde bereits im Juli 2002 ein Blauer Engel für strahlungsarme Handys eingeführt. Damit sollen Geräte ausgezeichnet werden, die bei voller Sendeleistung nicht mehr als 0,60 Watt Strahlung pro Kilo Körpergewebe abgeben. **TIPP: Informieren Sie sich vor der Neuanschaffung eines Handys über die Strahlung im Internet unter www.handywerte.de.**

Natronsee, Tansania

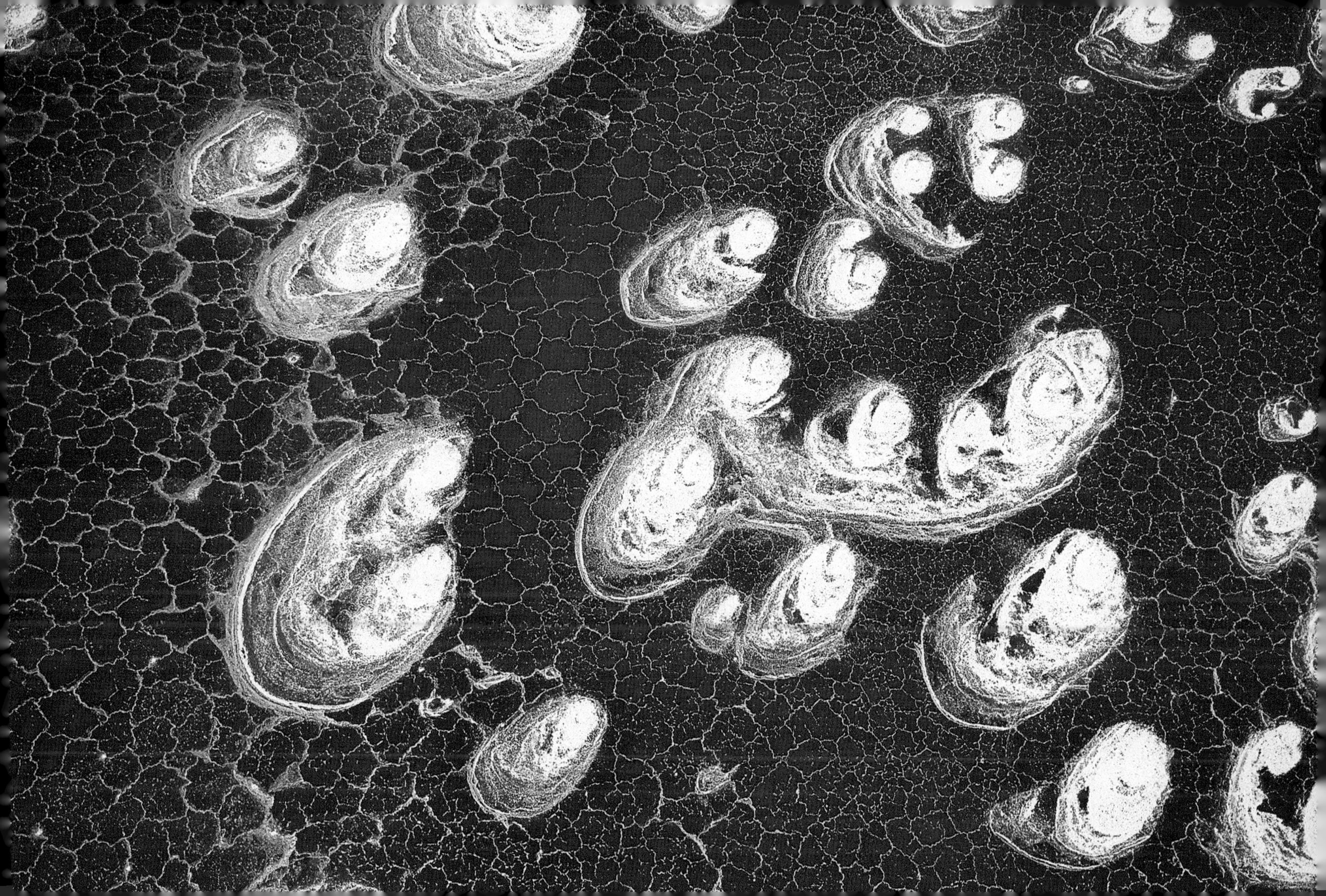

Ökologisch und gesund einrichten

Gardinen, Tischtücher, Sofa- und Kissenbezüge verschönern die eigenen vier Wände. Sie können aber auch der Gesundheit schaden. Selbst bei Stoffen aus Baumwolle handelt es sich nicht immer um reines Naturmaterial. Baumwolle wird im Laufe der Produktion zum Beispiel mit Kunstharzen, Farbstoffen und optischen Aufhellern behandelt. Möbelbezugsstoffe enthalten oft schwer abbaubare Fluorkohlenwasserstoffe, die den Stoff scheuerfest und schmutzabweisend machen. Pflegeleicht werden die Stoffe durch Formaldehyd, das Schleimhäute reizt und im Verdacht steht, Krebs auszulösen. **TIPP: Um Gesundheitsgefahren zu vermeiden, sollten Verbraucher beim Einkauf auf geprüfte Umweltzeichen achten. Laut Bund für Umwelt und Naturschutz (BUND) werden die strengsten ökologischen Kriterien vom Label »Naturtextilien«, gefolgt von »eco-tex«, erfüllt.**

Skorpionfisch, Thailand

31. Oktober

Dezenter Duft

Das Bad duftet nach frischen Äpfeln, das Auto nach Fichtenwald und das Wohnzimmer nach Flieder. Doch was auf den einen angenehm, anregend oder entspannend wirkt, kann für andere gesundheitsschädlich sein. Besonders empfindliche Personen wie Asthmatiker oder Allergiker reagieren empfindlich auf Duftöle und Raumluftaromatisierung. **TIPP: Duftöle und Raumaromatisierungsmittel sollten, ähnlich wie Parfums, nur sehr dezent eingesetzt werden. Klären Sie vorher, ob alle Raumnutzer damit einverstanden sind.**

Eis, Island

1. November

Luftbefeuchter

Neben zahlreichen notwendigen Geräten im Büro steht dort auch so manche unnötige Maschine herum, z. B. der Luftbefeuchter. Er wird oft angeschafft, wenn die Luft in den Räumen zu trocken ist. Dies ist v. a. in der kalten Jahreszeit der Fall, wenn die Büros häufig überheizt sind. Luftbefeuchter verbrauchen nicht nur viel Strom, sondern können unter Umständen sogar zur Verbreitung von Bakterien beitragen. **TIPP: Bei trockener Raumluft bieten Zimmerpflanzen wirksame Abhilfe. Eine andere Möglichkeit besteht darin, bewährte Luftbefeuchter aus Terrakotta oder Keramik an den Heizungskörpern aufzuhängen.**

Polarlicht, Finnland

2. November

Autos ohne Schnickschnack

Nicht immer lässt es sich vermeiden, dass wir Autos benutzen. Um möglichst wenig Energie zu verbrauchen, sollte jedoch zusätzliches Gewicht vermieden werden, d. h., Sie sollten nicht unnötigen Ballast im Kofferraum spazieren fahren. Zusätzliches Gewicht verursacht aber auch technischer Schnickschnack wie elektrische Fensteröffner und Sitzversteller. **TIPP: Informieren Sie sich über Leichtlaufreifen und Leichtlauföl. Beides kann den Ausstoß von Treibhausgasen um zehn Prozent verringern. Weitere zehn Prozent des Benzinverbrauchs können Sie einsparen, indem Sie einmal pro Jahr den Luftfilter überprüfen und, wenn nötig, austauschen lassen.**

Talkeetna Mountains, Alaska

Umweltfreundliche Büromöbel

Die Einrichtung eines umweltfreundlichen Büros beginnt mit der Auswahl der richtigen Möbel. Um sich am Arbeitsplatz wohl zu fühlen, sind gesundheitsverträgliche, funktionelle und ästhetisch ansprechende Möbel wichtig. Zu den Kriterien, nach denen Büromöbel auf ihre Umwelt- und Gesundheitsverträglichkeit hin beurteilt werden, gehört auch eine ressourcenschonende Herstellung aus nachwachsenden Rohstoffen oder Recyclingmaterial. Weitere Beurteilungsfaktoren sind Sortenreinheit (Trennbarkeit) bei den Materialien sowie Lebensdauer und Reparaturfähigkeit. **TIPP: Die Einrichtung eines umweltfreundlichen Büros ist alles andere als einfach. Lassen Sie sich beraten unter www.beschaffung-info.de. Dort gibt es auch Infos zu vielen anderen Themen rund ums Einrichten und Wohnen, z. B. zu Reinigungsmitteln, Lebensmitteln, Küche und Garten.**

Wasserlilien, Venezuela

City-Schnäppchen gegen Betonwucherung

Immer mehr Bau-, Möbel- und Bekleidungsmärkte entstehen wegen der niedrigeren Grundstückspreise »draußen auf der grünen Wiese«. Jeden Tag wird in Deutschland die Fläche von 175 Fußballfeldern überbaut. Dies trägt entscheidend zum Verlust von Lebensräumen und zur Versiegelung der Böden bei. Letztere ist neben anderen Faktoren auch ein Grund für die zunehmenden Überschwemmungen, denn unbebaute Naturflächen nehmen das Regenwasser auf, die Kanalisation hingegen hat immer nur eine begrenzte Aufnahmefähigkeit. **TIPP: Gehen Sie in der Innenstadt auf Schnäppchenjagd. Die Sonderangebote des innerstädtischen Einzelhandels stehen jenen der großen Einkaufszentren oft in nichts nach.**

Basaltsäulen, Italien

5. November

Effizient Strom sparen

Laubstaubsauger beeinträchtigen Umwelt und Gesundheit durch Lärm und Schadstoffe und stören den Naturhaushalt. Durch den Schallpegel von bis zu 115 Dezibel – was dem Krach eines Presslufthammers entspricht – werden vor allem die Nachbarn belästigt. Bodenbiologie wird durch Laubsauger gravierend beeinträchtigt, Kleintiere wie Spinnen und Insekten, aber auch das eine oder andere Mäuslein aufgesaugt und gehäckselt. **TIPP: Das Jahr geht langsam zu Ende, die Bäume sorgen dafür, dass Sie das Laub kontemplativ rechen können. Vermeiden Sie, so weit als möglich, Hektik und Krach in der Natur zu verbreiten!**

Heiße Quellen, Kamtschatka, Russland

Karge Landschaft voller Leben

Mit Einbruch der Kälte ziehen die Kraniche über die Westroute nach Spanien. Rehe haben ihr Fellkleid gewechselt und tragen statt Rotbraun ihr graubraunes Winterhaar. Sie sind nun vermehrt auf den Feldern zu beobachten. An Hecken und Feldrändern herrscht besonders emsiges Treiben. Die Tiere, die keinen Winterschlaf halten, Eichelhäher und Eichhörnchen etwa, sammeln und verstecken nicht nur Eicheln, sondern auch viele andere Sämereien. Besonders beliebt sind Haselnüsse. **TIPP: Die ganz normale Kulturlandschaft ist im Herbst eine Serengeti geworden. Ziehen Sie sich warm an, und unternehmen Sie lange Spaziergänge und Wanderungen. Auf Balkon und Terrasse lassen sich nun mit ausgelegten Haselnüssen Eichhörnchen und Eichelhäher anlocken.**

Sanddünen in Algerien

Den richtigen Duschvorhang wählen

Um beim Duschen Wasserspritzer im Bad zu vermeiden, sind Vorhänge unentbehrlich. Doch laut Bund für Umwelt und Naturschutz Deutschland (BUND) sind sie oft stark mit giftigen Chemikalien belastet. Die sogenannten Weichmacher-Substanzen dienen dazu, die Kunststoffe zu flexibilisieren. Besonders Badtextilien aus PVC sind betroffen. Die in ihnen enthaltenen Weichmacher-Substanzen können sich aus dem Produkt lösen, werden dann über Atmung und Haut aufgenommen und reichern sich schließlich im Körper an. **TIPP: Suchen Sie Duschvorhänge aus gewachster Baumwolle, Polyetylenvinylacetat (»PEVA«) oder PVC-freiem Kunststoff. Um die Schimmelpilzbildung zu vermeiden, sollten die Vorhänge nach dem Duschen gut austrocknen und regelmäßig gereinigt werden. Am praktischsten sind Duschvorhänge, die Sie in die Waschmaschine stecken können.**

Olympic-Nationalpark, USA

8. November

Fleckenzauber

Zu viel Fernsehen macht dick – und es macht Flecken. Kaum hat man es sich bequem gemacht mit einem Glas Wein und einer Stulle mit Schinken und Mayonnaise, fällt das Weinglas um, oder die Mayo landet auf der Hose. Kein Problem, denn mittlerweile gibt es viele Spezialreinigungsmittel. Die allerdings zeichnen sich oft durch aggressive Lösemittel aus, die bei Hautkontakt allergische Reaktionen hervorrufen oder die Atemwege reizen. **TIPP: Bei Flecken helfen Hausmittel. Eiweißhaltiges wie Blut, Eigelb und Mayo sollte nicht mit heißem Wasser gereinigt werden, da sich das Eiweiß dann verfestigt. Kaltes Wasser und Gallseife reichen oft aus. Bei Flecken durch Obst, Gemüse oder Rotwein helfen saure Mittel wie Zitronensaft oder weißer Essig.**

Walrosse, Round Island, Alaska

Haare richtig färben

»Ob blond, ob braun, ob Henna, wir lieben alle Männer« – so lautet ein beliebter Reim aus den 1990er Jahren. Allerdings sind es immer noch mehr Frauen, die sich die Haare färben. Während Wasserstoffblond als eher konservativ gilt, wird Hennarot nach wie vor gerade von denen verwendet, die sich als »alternativ« oder »ökologisch bewusst« einschätzen. Doch Henna bedeutet nicht automatisch »Bio« oder »Natur«, da es oft mit gefährlichen Zusätzen angereichert ist. Auch naturreines Henna (von den Blättern des Hennastrauchs) gilt nicht als unbedenklich. **TIPP: Durch das Färben von Haaren können Sie neue, aufregende Akzente in Ihrem Erscheinungsbild setzen. Lassen Sie sich aber unbedingt bei der Wahl der Haarfärbemittel von Ihrem Friseur beraten.**

Haleakala-Vulkan, Hawaii

Tabula rasa versus Kleinbiotop

Der Herbst ist oft die Zeit, um im Garten Klarschiff zu machen. Aufräumen ist angesagt; doch zu viel Ordnungsliebe kann für Vögel und andere Kleintiere schädlich sein. Die trockenen Samenstände der Stauden dienen Finken, Ammern und Zeisigen als Nahrung. In hohlen Stängeln, Blattachsen und Blütenresten überwintern viele Insekten, von denen sich Rotkehlchen, Spechte und Zaunkönige ernähren. In Laub-, Reisig- und Komposthaufen können Igel, Kröten, Schmetterlinge und andere Kleinlebewesen überwintern. **TIPP: Legen Sie die Hände in den Schoß, und freuen Sie sich an der Aussicht, die sich Ihnen vom Wohnzimmerfenster aus in den Garten bietet! Wer keinen Garten besitzt, könnte mit dem Hausmeister oder dem Vermieter darüber sprechen, ob ein Teil der Grünanlagen sich als Miniwildnis entfalten darf.**

Inlandeis, Grönland

11. November

Efeu schützt und hilft Energie sparen

Efeu an Häuserwänden sieht nicht nur romantisch aus, sondern schützt die Hauswände, schluckt Lärm und spart Energiekosten. Auch die Natur profitiert von der immergrünen Pflanze, denn sie bietet nicht nur vielen Lebewesen Unterschlupf, sondern wirkt auch als Luftfilter. Eine Studie der Universität Köln hat herausgefunden, dass Efeublätter Staub effektiv abfangen – bevor er sich etwa auf Ihre Fensterscheiben legt. Außerdem dämpft die Fassadenbegrünung die Lärmbelastung im Bereich des Hauses um ungefähr fünf Dezibel. **TIPP: Schäden am Haus sind von Efeu nicht zu befürchten, da die Haftorgane der Pflanze nicht in das Mauerwerk eindringen. Allerdings sollte rissiger Putz, bevor die Fassaden begrünt werden, ausgebessert werden. Weitere Infos finden Sie bei der Fachvereinigung Bauwerksbegrünung e. V. (www.fbb.de).**

Yellowstone-Nationalpark, USA

In die Natur investieren

Sie können sich finanzielle Anteile am Schutz der Natur sichern. Solar- und Windaktien bzw. sogenannte Ökofonds werden immer beliebter. Lassen Sie Ihr Geld arbeiten in der Produktion von umweltfreundlichen Artikeln, die nicht nur in zukunftsfähigen Herstellungsverfahren, sondern auch unter humanen Arbeitsbedingungen gefertigt werden. Bei Ökofonds schließen Sie gleichzeitig aus, dass Ihr Geld in Atomkraft, Waffen, Gentechnik oder fossile Energieträger investiert wird.

TIPP: Im Bereich der grünen Geldanlagen gibt es schwarze Schafe. Wer anlegen will, sollte sich gut informieren und beraten lassen, bevor er sich für eine Investition entscheidet. Geben Sie beim Umweltbundesamt (www.umweltbundesamt.de) das Suchwort »Geldanlage« ein, oder besuchen Sie die Internetseite www.oeko-invest.de.

Tassili du Hoggar, Algerien

13. November

Geschäftsreisen mit der Bahn

Der Austausch von Informationen ist das A und O jeder Geschäftsbeziehung. Wer jedoch glaubt, dass sich alles online, mit E-Mail und per Videokonferenz erledigen lässt, der täuscht sich. Der menschliche Faktor hilft bei vielen Lösungen entscheidend. Bei persönlichen Treffen werden häufig Infos ausgetauscht, die nicht im Internet stehen, aber viele Entscheidungen maßgeblich beeinflussen.

TIPP: Nutzen Sie bei Geschäftsreisen die Angebote der Bahn unter www.bahn.de, und suchen Sie dort nach den »Angebots-Tipps«. Sprechen Sie mit Ihrem Chef über einen Zuschuss zur Bahncard, denn dadurch helfen Sie auch Ihrer Firma beim Sparen.

Wasserfall, USA

14. November

Mülltrennegoisten

Papier und Pappe lassen sich problemlos recyceln. Verbrauchtes Verpackungsmaterial, Bücher, Zeitungen, Zeitschriften und Werbebroschüren können wieder zur Herstellung von neuem Papier verwendet werden. Das entlastet die Abfallbeseitigung und spart außerdem Rohstoffe und Energie. **TIPP: Seien Sie kein Altpapieregoist! Gemeinsam genutzte Altpapiertonnen sind oft schon nach wenigen Tagen voll, weil irgendein Nach-mir-die-Sintflut-Zeitgenosse des Nachdenkens nicht ausreichend mächtig war und einen großen Karton unzerkleinert in die Tonne bugsiert hat. Für andere bleibt so kein Platz mehr. Gehen Sie mit gutem Beispiel voran, zerkleinern Sie sperrige Kartons, notfalls mit Hilfe des Tapetenmessers.**

Ahorn, USA

Besseres Klima durch saubere Glühbirnen

Permafrost bedeutet, dass der Boden in manchen Regionen ganzjährig gefroren bleibt. Durch die weltweite Klimaerwärmung sind inzwischen viele Permafrostböden zu Sümpfen geworden. Flora und Fauna verändern sich dadurch, manchmal nimmt sogar die Artenvielfalt zu. Viele Menschen, die in arktischen Regionen leben, haben jedoch das Nachsehen; etwa dadurch, dass sich die Fundamente ihrer Häuser verschieben oder sogar bersten. **TIPP: Kleine Veränderungen in Ihrer Lebensweise verringern den Kohlendioxidausstoß: Verbessern Sie den Wirkungsgrad Ihrer Glühbirnen um bis zu 50 Prozent, indem Sie die Lampen regelmäßig abstauben. Beim nächsten Austauschen der Glühbirne sollten Sie ausprobieren, ob Sie auch mit 20 oder 40 Watt weniger auskommen.**

Mount-Rainier-Nationalpark, USA

16. November

Wenn die Heizung blubbert

Die Reiher in Venezuela brauchen nicht zu frieren. Im November beginnt dort die Trockenzeit. Landesweit herrscht dann eine Durchschnittstemperatur von 27 °C. Deutschland im November lässt sich ohne Heizung dagegen nicht lange ertragen. Wenn Ihre Räume nicht schnell genug warm werden und seltsame, gluckernde Geräusche aus der Heizung kommen, heißt das nicht, dass Ihre Heizung kaputt ist und womöglich gleich in die Luft fliegt. Meistens bedeutet dies nur, dass sich Luft in Ihren Heizkörpern angesammelt hat, so dass sie nicht mehr komplett von heißem Wasser durchflossen werden. Dadurch verschlechtert sich die Wärmeabgabe, und die Heizung braucht länger, um die Räume aufzuheizen. **TIPP: Mit etwas handwerklichem Geschick können Sie das Entlüften Ihrer Heizkörper selbst vornehmen. Einige Heizkörper besitzen Entlüftungsventile, die Sie von Hand auf- und zudrehen können. Bei anderen Ventiltypen benötigen Sie eventuell ein Werkzeug.**

Orinoko-Becken, Venezuela

17. November

Biotees

Wenn es draußen kalt wird, ist heißer Tee eine Wohltat. Die in vielen Tees enthaltenen Wirkstoffe fördern Nieren- und Verdauungsfunktionen. Andere Tees können Entzündungen lindern und sogar ganz verhindern. Der Bund für Umwelt und Naturschutz in Deutschland (BUND) rät, nur Tee aus ökologischem Anbau zu verwenden. So werden die positiven Eigenschaften der Tees nicht durch giftige Pestizide, synthetischen Stickstoffdünger, Phosphate oder chlorhaltigen Kalidünger zunichte gemacht. **TIPP: Wählen Sie Biotees mit Siegel aus kontrolliertem Anbau. Das Siegel garantiert, dass die Teeplantagen regelmäßig überprüft werden.**

Aïr-Massif, Niger

18. November

Sparsamkeitsvergleich

In einem halbwegs sparsamen Zweipersonenhaushalt werden pro Jahr etwa 1800 Kilowattstunden Energie verbraucht. Mit dieser Energie könnten Sie 180 Vollbäder nehmen, 720-mal duschen, 900 Tage ununterbrochen Fernsehen oder eine Energiesparlampe rund um die Uhr über 20 Jahre lang brennen lassen. **TIPP: Lernen Sie, energiebewusst zu leben, indem Sie sich klar machen, welche Geräte in Ihrer Wohnung oder in Ihrem Haus zu den Energiefressern gehören und welche besonders sparsam arbeiten.**

Grauwale, Mexiko

Fairer Orangensaft

Rund 10 Liter Orangensaft trinkt der Deutsche im Durchschnitt pro Jahr. Die Apfelsinen für die Saftproduktion kommen zu 90 Prozent aus Südamerika und werden auf Billiglohnplantagen unter Bedingungen geerntet, die auch der Natur nicht gut tun. **TIPP: Kaufen Sie nur fair gehandelten Orangensaft, der von Kleinbauerorganisationen, aber inzwischen auch von größeren Plantagen aus Brasilien und Mexiko bezogen wird. Die Erzeuger erhalten einen Mindestpreis, der über dem Weltmarktpreis liegt, sowie einen Fair-Trade-Aufpreis. Auch zu Orangensäften aus biologischem Anbau aus dem Mittelmeerraum kann geraten werden. Mehr über fair gehandelten Orangensaft unter www.transfair.org.**

Elefanten, Kenia

Zwinkern Sie Ihrem Computer zu

Wissenschaftler der Universität Tübingen haben herausgefunden, dass sich während der Computerarbeit die Anzahl der Lidschläge im Mittel von 9,4- auf 4,3-mal pro Minute vermindert. Das Resultat sind eine Reduktion des Tränenfilms und trockene, juckende Augen, die bei fortgesetzter Bildschirmarbeit zu roten, brennenden, schmerzenden und lichtempfindlichen Augen sowie verschwommener Sicht führen. **TIPP: Vermeiden Sie es, allzu konzentriert auf Ihren Bildschirm zu starren. Blinzeln Sie stattdessen Ihrem Computer öfter zu.**

Rochen, Australien

Effizienter Strom sparen

Die Folgen des Treibhauseffekts sind überall deutlich zu erkennen. Für den an kühlere Durchschnittstemperaturen gewohnten Fichtenwald in Deutschland sind die Wuchsbedingungen inzwischen häufig alles andere als optimal. Viele Fichten werden deshalb krank und verlieren Nadeln und Vitalität. An den Küsten steigt der Wasserpegel, und in vielen Gegenden bleibt der Schnee aus, in anderen vertrocknet die Ernte. Schuld daran sind vor allem die Abgase der Industrienationen.

TIPP: Um unseren Stromverbrauch und damit auch Kohlendioxidemissionen zu drosseln, ist eine strategische Vorgehensweise nötig. Informationen und Tipps, wie jeder von uns Energie effizient nutzen, Energieeinsparpotenziale ausschöpfen und unnötigen Stromverbrauch vermeiden kann, gibt es im Internet (www.stromeffizienz.de). Besonders beim Neukauf von Elektroartikeln können Sie mit Hilfe dieses Internetportals auf ein umfangreiches Beratungsnetzwerk sowie eine Händler- und Gerätedatenbank zurückgreifen.

Atacama-Wüste, Bolivien

22. November

Autoemissionen der Zukunft

Bei Kritik gegen »die in Brüssel« ist meistens die EU-Kommission gemeint, die allerdings auch der Grund ist für viele positive Entwicklungen, gerade im Bereich des Umweltschutzes. Dazu gehört auch die EU-Forderung, dass neu zugelassene Fahrzeuge im Schnitt nicht mehr als 120 Gramm Kohlendioxid pro gefahrenen Kilometer ausstoßen sollten. Die Autoindustrie war bisher lediglich bereit, sich auf 140 Gramm bis 2008 festzulegen. **TIPP: Warten Sie nicht darauf, bis sich »die in Brüssel« mit der Autoindustrie geeinigt haben. Suchen Sie beim Neukauf Ihres Autos nach einem CO_2-armen Modell.**

Vulkan Ätna, Italien

Biobier

»Ganz besonders wollen wir, dass zu keinem Bier mehr Stücke als allein Gersten, Hopfen und Wasser gebraucht werden sollen.« Mit diesen Worten verkündete der Herzog von Bayern 1516 das Reinheitsgebot. Seither gilt deutsches Bier als das Naturprodukt schlechthin. Doch es gibt noch eine Steigerung: Biobier. Es wird weniger stark gefiltert, um die Inhaltsstoffe noch besser zu erhalten. Es wird aus Naturhopfen hergestellt, nicht aus Hopfenextrakt. Beim Anbau der Zutaten werden keine synthetischen Pflanzenschutzmittel oder mineralischen Stickstoffdünger verwendet. Das schont den Boden und das Grundwasser. **TIPP: Oft wird Bio- bzw. Ökobier auch regional von eher unbekannten Kleinbrauereien vertrieben. Weitere Infos unter www.oekobier.com.**

Eiszapfen, Grönland

Rothirsche in Deutschland

Die auf der rechten Seite abgebildeten Hirsche werden in Amerika als »elk« bezeichnet, was auf eine Verwechslung mit Elchen zur Zeit der Entdeckung Amerikas durch die Europäer zurückzuführen ist. Der heute gebräuchliche Name in Deutschland ebenso wie in Amerika ist die indianische Bezeichnung »Wapiti«. Tatsächlich sind Wapitis wesentlich näher mit den Rothirschen als mit Elchen verwandt. Eine Zeit lang wurde sogar angenommen, dass es sich bei Wapiti und Rothirsch um die gleiche Art handelt. **TIPP: Rothirsche dürfen in Deutschland nur in den amtlich festgelegten Rotwildgebieten leben. Infos darüber, wo Sie Rothirsche in Deutschland beobachten können, und viele weitere nützliche Tipps finden Sie unter www.rothirsch.org.**

Yellowstone-Nationalpark, USA

Beerensträucher setzen

Bei niedrigen Temperaturen haben die Gartenvögel einen erhöhten Kalorienbedarf. Freilich sind unsere Gärten oft ziemlich ausgeräumt, was das natürliche Nahrungsangebot betrifft. So bleibt oft nichts anderes übrig, als die Vögel zu füttern. Allerdings kann man jetzt auch Vorbereitungen treffen, um den Vögeln in den nächsten Jahren natürliche Nahrungsquellen anzubieten: Bei frostfreier Witterung können Johannisbeer- und Himbeersträucher gepflanzt werden. **TIPP: Fast alle Beerensträucher, aber auch Sommerflieder, Forsythie, Falscher Jasmin und viele andere Gehölze lassen sich durch Steckhölzer vermehren. Dies sind ausgereifte einjährige Triebe, die beim Gehölzschnitt anfallen und einfach in den Boden gesteckt werden müssen, um im nächsten Jahr auszutreiben.**

Orinoko-Becken, Venezuela

Olivenöl aus ökologischem Anbau

Olivenöl ist aus der Küche kaum noch wegzudenken. Das beliebte Speiseöl wird für die Zubereitung von Salatsaucen, zum Braten und Kochen verwendet. Doch häufig werden im konventionellen Olivenanbau zur Steigerung der Erträge Mittel eingesetzt, die Natur und Landschaft schädigen. Dazu gehört auch das Abholzen alter Olivenbäume, um sie durch ertragreiche Jungbäume zu ersetzen. Diese Plantagen werden dann oft mit allen Tricks der Intensivlandwirtschaft bewirtschaftet.

TIPP: Besuchen Sie Bioläden oder Reformhäuser, um sich über das Angebot von Olivenöl zu informieren. Auch in vielen Supermärkten ist inzwischen ökologisch erzeugtes Olivenöl zu finden.

Vulkansee, Kamtschatka, Russland

27. November

Automobilbewertung

Beim Kauf von Neuwagen erleichtert eine Bewertungsskala die Unterscheidung nach Energieklassen und Emissionswerten: Die Klassen »A«, »B« und »C« beim Kraftstoffverbrauch bedeuten, dass diese Autos zwischen 10 und 20 Prozent sparsamer sind als der Durchschnitt (»D«). Autos der Einstufung »E« und »F« entsprechen nicht mehr dem heutigen Stand der Technik. **TIPP: Informieren Sie sich beim Verkehrsclub Deutschland (www.vcd.org) über besonders sparsame Automodelle.**

Geysir, Kamtschatka, Russland

28. November

Schreibutensilien

Trotz Computer und ausgetüftelter Textverarbeitungsprogramme haben bestimmte, besonders altmodische Textbearbeitungsgeräte noch lange nicht ausgedient: Kugelschreiber und Filzstift. Sie werden häufig als Einwegmassenware angeboten und in vielen Betrieben von den Materialeinkäufern aus ökonomischen Gründen erworben. Nach Gebrauch landen sie im Restmüll. **TIPP: Auch wenn Sie in Ihrem Büro die Schreibutensilien umsonst zur Verfügung gestellt bekommen, verwenden Sie Ihren eigenen Füllfederhalter oder Kugelschreiber mit auswechselbaren Großraumminen.**

Heiße Quellen, Yellowstone-Nationalpark, USA

Helfen mit Kork

In Deutschland fallen jährlich mehr als 1,2 Millionen Flaschenkorken an. Kork kann nicht nur Flaschen verschließen, sondern auch zum Abdichten von Häusern verwendet werden. Das mittels Recycling gewonnene Korkgranulat eignet sich hervorragend zum Dämmen von Wohnungen und Häusern. Es ist frei von chemischen Schadstoffen wie PCB, Lindan und Formaldehyd und trotzt sowohl Feuchtigkeit als auch Schädlingen. Viele Haushalte sammeln bereits ihre Korkabfälle, aber welche Stellen sich um das Recycling kümmern, ist oft unklar. TIPP: **Der Bund für Umwelt und Naturschutz in Deutschland (BUND) empfiehlt die Diakonie Kork, die das Naturprodukt in Behindertenwerkstätten zu einem hochwertigen Dämmstoff verarbeiten lässt. Die Diakonie Kork unterhält ein bundesweites Sammelnetz und kann unter www.diakonie-kork.de kontaktiert werden.**

Kap Farvel, Südgrönland

Spaß mit dem Bäumchenspiel

Bei Erwachsenen löst die dunkle Jahreszeit nicht selten das sogenannte SAD-Syndrom aus, die »saisonabhängige Depression«, kurz: Winterdepression. Kinder sind davon kaum betroffen, vielleicht auch deswegen, weil sie Schnee sofort mit Spaß in Verbindung bringen, mit Schneeballschlachten, Rodeln und dem Bauen eines Schneemanns. Wenn jedoch klimabedingt der Schnee ausbleibt, ist guter Rat teuer, dann muss man sich als Erzieher etwas ausdenken, was die Kinder nicht nur drinnen, sondern auch draußen bei Laune hält. **TIPP: Spielen Sie doch mal das »Bäumchenspiel«. Ähnlich wie beim Fahrzeugtypen-Erkennungsspiel lassen sich auch spielerisch Baumarten unterscheiden. Diese auch für Erwachsene nicht immer leichte Aufgabe führt dazu, dass man bei einigen Bäumen »passen« muss. Das ist der Clou: Merken Sie sich mit den Kindern den Baum (vielleicht, indem Sie eine dezente Schleife an einem Ast anbringen), und nehmen Sie es sich gemeinsam vor, ihn im Frühjahr wieder zu besuchen, um anhand seiner Blätter seine »wahre Identität« herauszufinden. Auf diese Weise bringen Sie Spaß und Spannung in die oft als dröge empfundenen Spaziergänge.**

Lava, Kilauea-Vulkan, Hawaii

1. Dezember

Das Grüne Band der Natur

Entlang der ehemaligen innerdeutschen Grenze – von der Ostsee bei Travemünde bis zum tschechisch-polnisch-deutschen Dreiländereck bei Hof – zieht sich ein 1393 Kilometer langes grünes Band. Die Zeitgeschichte hat der Natur in diesem Gebiet durch den ehemaligen Eisernen Vorhang eine 30-jährige Atempause beschert. Mit Altgrasfluren, Busch- und Waldlebensräumen, Sümpfen und Heiden sind wertvolle Biotope entstanden. Hier haben seltene Tierarten wie Braunkehlchen, Schwarzstorch und Fischotter eine Heimat gefunden. Kontinuität und Erhalt dieser Lebensräume wird unter anderem durch Flächenaufkäufe des Bundes für Umwelt und Naturschutz in Deutschland (BUND) gewährleistet. **TIPP: Finanziert wird der Flächenankauf durch den Verkauf von »Grünes-Band-Anteilsscheinen«. Für eine Spende in Höhe von 65 Euro kann man symbolisch Anteilseigner des Grünen Bandes werden. Anteilseigner werden zu exklusiven »Aktionärsversammlungen« (Exkursionen in das Grüne Band etc.) eingeladen und erhalten regelmäßig den »Aktionärsbrief« mit aktuellen Informationen zum Grünen Band.**

Reflexionen, Alaska

2. Dezember

Heizen Sie nur nach Bedarf

Die Klimaerwärmung zeigt sich in vielen kleinen Dingen. Wann sind Sie zum letzten Mal durch den Schnee gestapft, so dass es richtig schön geknirscht hat? Knirschender Schnee bedeutet, dass es lange kalt-trocken und unter sieben Grad ist. Doch mit oder ohne knirschenden Schnee, der nächste Winter kommt, und die Heizkosten steigen. Heizen Sie – auch um den Kohlenmonoxidausstoß zu verringern – nur so viel wie nötig. **TIPP: Heizen Sie Ihre Räume entsprechend der Art und Dauer der Benutzung. Als Richtwerte gelten 16 bis 18 °C für Schlafräume, Küche und ungenutzte Räume, 20 °C für Wohnräume und 20 bis 22 °C für das Bad, aber nur während der Benutzung. Für ein wohlig warmes Bad in der Frühe sollte sich derjenige zuständig fühlen, der es zuerst benutzt.**

Tassili du Hoggar, Algerien

3. Dezember

Ökologische Arbeitszeit

Die Arbeitswelt ändert sich. Galt ursprünglich die planbare und geregelte Arbeitszeit von etwa neun bis fünf Uhr als Standardmodell der Arbeit, so wird diese Form immer mehr von flexiblen Arbeitszeitmodellen abgelöst: Gleitzeit, Arbeitszeitkonten, Sabbatjahr und sogar Gleitpension haben in den Firmen Einzug gehalten. Flexible Arbeitszeitmodelle bieten die Chance, Arbeit und Familie stärker als bisher in Einklang zu bringen. **TIPP: Nutzen Sie die Gleitzeit auch, um außerhalb der Spitzenzeiten die öffentlichen Verkehrsmittel oder das Auto zu benutzen. Auf diese Weise tragen Sie zur Entzerrung der innerstädtischen Rushhour und zur Entschleunigung Ihres Lebens bei.**

Patagonien, Argentinien

Bäume fällen

Die kalte Jahreszeit ist die Zeit, in der die Bäume Pause machen. Der Saftfluss ist bis zum Frühjahr gedrosselt, in dieser Zeit lassen sich Arbeiten vom Astschnitt bis zum Fällen ganzer Bäume am besten erledigen. Jetzt müssen nicht nur Weihnachtsbäume dran glauben, sondern auch andere Bäume, darunter jene, die das Pech haben, so alt, knorrig und gebrechlich zu sein, dass sie, wie es im Amtsdeutsch heißt, die »Verkehrssicherheit« gefährden. **TIPP: Bevor Sie selbst Hand anlegen oder einen Baumpfleger oder Landschaftsgärtner beauftragen, sollten Sie sich bei den Umwelt- und Naturschutzämtern nach den örtlichen Baumschutzverordnungen erkundigen. Besonders die alten, hohlen Bäume bieten vielen Tieren Lebensraum. Vielleicht lässt sich durch radikales Ausdünnen der Krone oder durch einige baumchirurgische Eingriffe das Leben des Baumgreises verlängern.**

Altweibersommer, Kanada

5. Dezember

Richtige Kühlschranktemperatur

Der Jahresstromverbrauch für Kühlschränke beträgt im Durchschnitt pro Haushalt 350 Kilowattstunden, die Kühlschränke neuer Bauart kommen mit 130 Kilowattstunden aus. Um den Verbrauch möglichst gering zu halten, achten Sie auf die Innentemperatur des Kühlschrankes. In der Regel reicht eine Temperatur zwischen fünf und sieben Grad für das meiste Kühlgut. Lesen Sie hierzu auch die Haltbarkeitsangaben des Kühlgutes. **TIPP: Überprüfen Sie mit einem einfachen Trick, ob Ihr Kühlschrank Energie verliert. Hierzu legen Sie eine brennende Taschenlampe bei abgedunkeltem Raum in den Kühlschrank. Wenn Licht durch die Tür schimmert, ist der Kühlschrank nicht ganz dicht.**

Eisberge, Grönland

6. Dezember

Vögel richtig füttern

Winterfütterung von Vögeln macht vielen Menschen Freude. Jedes Jahr werden in unserem Land mehrere hundert Millionen Euro für Vogelfutter ausgegeben. An den Futterstellen lassen sich die Tiere aus nächster Nähe beobachten. Durch Füttern kann man die eigene Artenkenntnis vertiefen, darüber hinaus vermittelt es ein Naturerlebnis. Laut Naturschutzbund Deutschland (NABU) ist gegen maßvolles und richtiges Füttern von Gartenvögeln im Winter auch nichts einzuwenden. Doch damit sich das winterliche Füttern nicht nachteilig auf die gefiederten Freunde auswirkt, gibt der NABU wichtige Hintergrundinformationen und praktische Tipps. **TIPP: Füttern Sie nur bei Frost oder geschlossener Schneedecke, dann aber regelmäßig. Bieten Sie das richtige Futter an: Für Körnerfresser wie Finken, Sperlinge und Ammern sind Sonnenblumenkerne und Freiland-Futtermischungen geeignet. Weichfutterfresser dagegen wie Rotkehlchen, Heckenbraunelle, Meisen, Amseln, Zaunkönig fressen Rosinen, Obst, Haferflocken, Kleie, Meisenknödel (s. auch www.nabu.de, Suchwort »Winterfütterung«).**

Kaiserpinguine, Antarktis

7. Dezember

Umweltverschmutzung Autolärm

Auch Lärm ist Umweltverschmutzung. Hauptverursacher der ständigen Geräuschkulisse ist mit einem Anteil von über 80 Prozent der Individualverkehr. Automotoren sind in den vergangenen Jahrzehnten zwar immer leiser geworden – dass sich dennoch viele Menschen durch Autolärm belästigt fühlen, liegt an Reifen und Straßenbelag. **TIPP: Ab 2007 sind Autohersteller gemäß einer EU-Direktive zu genauen Angaben über die Lärmentwicklung verpflichtet. Beziehen Sie schon jetzt beim Neukauf eines Autos, ebenso bei der Neubereifung Ihres Wagens, die Lärmentwicklung des Fahrzeugs als wichtigen Faktor in Ihre Kaufentscheidung mit ein.**

Rote Ibisse, Venezuela

8. Dezember

Umweltbewusster Kerzenzauber

Kerzen brennen in Deutschland nicht nur zur Adventszeit. Gut 130 000 Tonnen Kerzen werden jährlich in Deutschland verbraucht. Über 90 Prozent davon sind aus Paraffin, einem Erdölprodukt. Stearinkerzen bestehen hingegen aus nachwachsenden Rohstoffen wie Rindertalg, Palm- oder Kokosfett. Beim Abbrennen der Kerzen können verschiedene umwelt- und gesundheitsgefährdende Stoffe freigesetzt werden. Mangelhafte Paraffinkerzen mit erhöhtem Schwefelgehalt lassen Schwefeldioxid entstehen, was zu allergieähnlichen Reaktionen führen kann. **TIPP: Beim Kauf von Kerzen sollten Sie sich laut Bund für Umwelt und Naturschutz (BUND) an dem »RAL-Gütezeichen Kerzen« orientieren. (RAL ist das »Deutsche Institut für Gütezeichnung und Kennzeichnung«. Das Akronym bezieht sich auf den Vorläufer des Instituts, den während der demokratischen Weimarer Republik gegründeten »Rechtsausschuss für Lieferbedingungen«.)**

Erg, Mauretanien

Tonerkartuschen schütteln

Immer wenn man's besonders eilig hat, geht irgendetwas schief. Wer kennt das nicht: Mitten beim Ausdrucken leuchtet die Anzeige »Toner fehlt« auf. Meist wird sofort nach einer neuen Kartusche gesucht und diese in das Gerät eingesetzt. Doch das muss nicht sein, denn in der alten Kartusche steckt meist noch reichlich Toner, der genutzt werden kann. **TIPP: Durch Schütteln verteilt sich der Toner in der Kartusche, und es kann noch eine ganze Zeit lang weitergedruckt werden. Das spart nicht nur Geld, sondern schont auch die Umwelt. Auch durch wiederbefüllbare Tonerkartuschen (am besten mit dem Siegel »Blauer Engel«) wird Abfall vermieden.**

Lavastrom (Detail), Kilauea-Vulkan, Hawaii

Eierlegende Wollmilchsau für die Ich-AG

Beim Einrichten von Kleinbüros, etwa bei der Gründung einer »Ich-AG«, spart man Platz und reduziert Investitionskosten durch »eierlegende Wollmilchsäue«, das sind sogenannte Multifunktionsgeräte, die (fast) alles können, also: drucken, scannen, kopieren und manchmal auch faxen. **TIPP: Das Umweltzeichen für Multifunktionsgeräte ist RAL-UZ 114. Allerdings gibt es auch viele Geräte, die dieses Zeichen nicht tragen und trotzdem alle nötigen Kriterien erfüllen. Lassen Sie sich bei der Anschaffung eines Multifunktionsgeräts unbedingt von Fachleuten beraten.**

Eis, Island

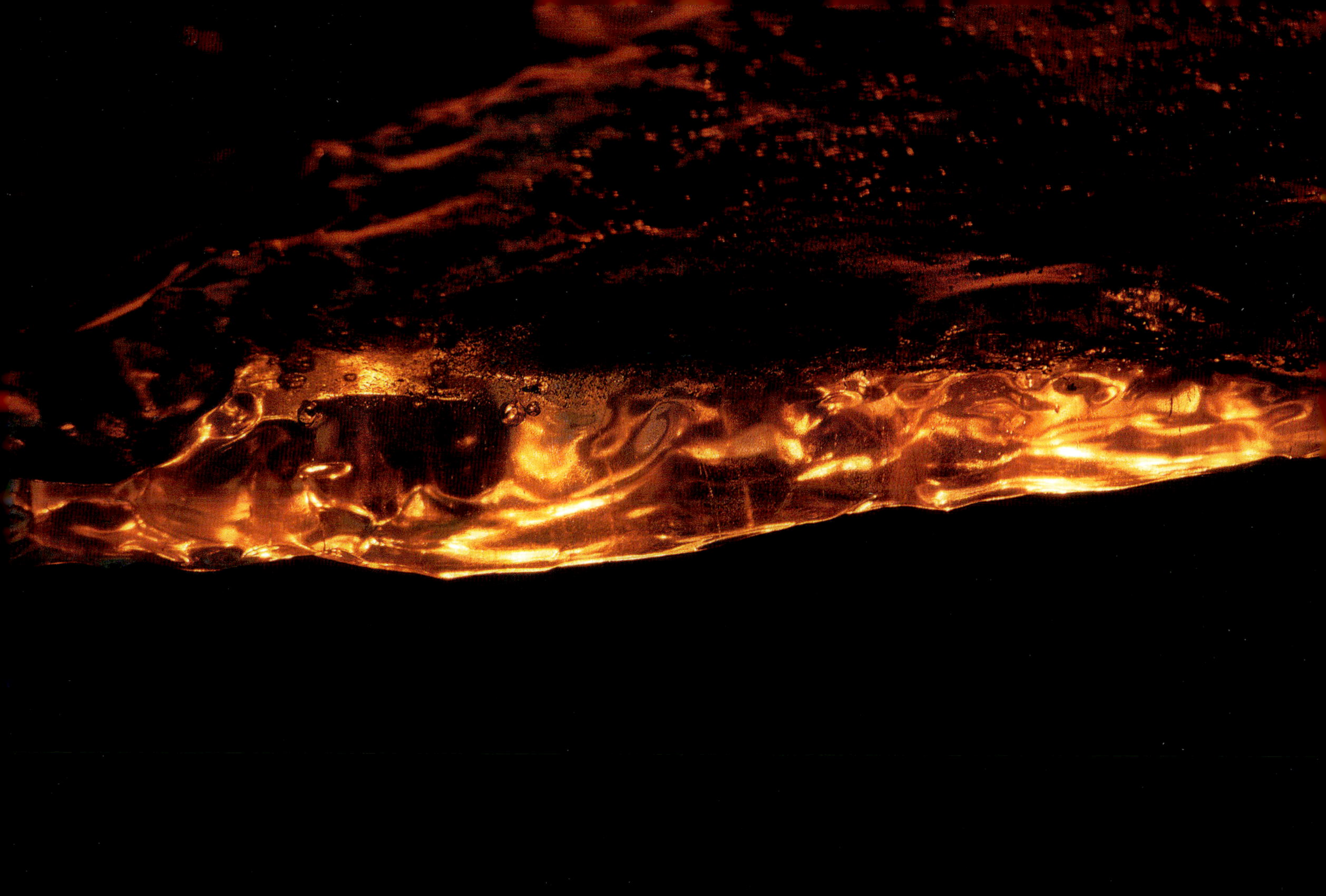

11. Dezember

Balkon- und Terrassenpflanzen schützen

Noch befinden wir uns im kalendarischen Herbst, so richtig bitterkalt wird es erst im Januar und Februar. Gehen Sie aber trotzdem auf Nummer sicher, und schützen Sie Ihre winterharten Topfpflanzen. Immergrüne Topfbäumchen wie Buchs, Eibe und Rhododendron benötigen Winterschutz; ebenso Kräuter wie Melisse und Lavendel. **TIPP: Rücken Sie die Töpfe nah an die Hauswand, decken Sie die Pflanzen mit Fichtenreisig oder einer Stroh- oder Vlieshaube ab. Bei kalten Temperaturen bekommen Terrakottatöpfe nicht selten Sprünge; umwickeln Sie deshalb den ganzen Topf mit Sackleinen, Sisalmatte oder Noppenfolie. Styropor oder Holz hält die Kälte von unten fern.**

Eisberg, Grönland

12. Dezember

Einsamkeit im Schnee

Erleben Sie den Zauber einer verschneiten Winterlandschaft ganz ohne Schneekanonen und abseits des Pistentrubels bei einer Schneeschuhwanderung. Gerade in Gemeinden, die ihre Abgeschiedenheit und Naturnähe bewahrt haben, sind geführte Schneeschuhwanderungen spezielle Attraktionen. Besonders geeignet für diese winterliche Fortbewegungsart sind die Mittelgebirge, etwa der Bayerische Wald oder die Abruzzen in Italien. **TIPP: Über geführte Schneeschuhtouren durch Naturparadiese können Sie sich u. a. informieren unter www.abruzzen-online.de (Schnellsuche: »Schneeschuhwandern«) oder unter www.daistderbaerlos.de (Bayerischer Wald).**

Eisberg, Grönland

Spuren am Fluss

Naturnahe Flüsse eignen sich besonders gut, um im Winter auf Tierspurensuche zu gehen. In vielen Gebieten sind Biber wieder heimisch geworden, sie lassen sich vor allem am charakteristischen Fraßbild (kegelförmig abgebissene Bäume) erkennen, aber auch an den Spuren im Schnee. In folgenden Bundesländern lassen sich Biber beobachten (die Zahl in Klammern gibt den geschätzten Bestand an): Brandenburg (1700), Hessen (150), Mecklenburg-Vorpommern (800), Niedersachsen/Bremen (100 bis 150), Nordrhein-Westfalen (200), Saarland (300), Sachsen (750), Sachsen-Anhalt (200). Kleine Bestände gibt es auch in Thüringen, Schleswig-Holstein und Rheinland-Pfalz. **TIPP: Besuchen Sie den Biber im Internet (www.biber.info), oder lesen Sie *Der Biber – die Rückkehr der Burgherren* von Volker Zahner, Markus Schmidbauer und Gerhard Schwab, Amberg 2005.**

Fluss, Island

14. Dezember

Ökotipps vom BUND

Zu den profilierten und mitgliederstärksten Umweltverbänden Deutschlands gehören der 1975 gegründete Bund für Umwelt und Naturschutz (BUND) und der 1899 als »Bund für Vogelschutz« ins Leben gerufene Naturschutzbund Deutschland (NABU). Engagieren Sie sich im nächsten Jahr, und werden Sie Mitglied bei einem starken Umweltverband. Sämtliche in der Bundesrepublik gemeldeten Vereine für Natur- und Umweltschutz finden Sie beim Deutschen Naturschutzring (www.dnr.de/dnr/verbaende). TIPP: **Weitere Tipps zum Schutz von Umwelt und Natur können Sie unter www.bund.net per E-Mail abonnieren (Buttons: Presse/Ökotipps).**

Kilauea-Vulkan, Hawaii

15. Dezember

Tierpaten auf den Spuren von Bernhard Grzimek

Die (etwas) älteren Semester unter uns erinnern sich noch an die TV-Sendung *Ein Platz für Tiere* mit Bernhard Grzimek. Sein Appell am Schluss der Sendung, für das Sonderkonto »Hilfe für die bedrohte Tierwelt« zu spenden, stieß auf viele offene Ohren und Herzen. Aus dem Sonderkonto wurde eine Stiftung, deren Kapitalerlös in die Arbeit der Frankfurter Zoologischen Gesellschaft fließt. Heute werden über 90 Projekte in 30 Ländern von der Gesellschaft betreut. Seine Hauptaktivitäten liegen in der praktischen Arbeit vor Ort, etwa in der Ausweisung neuer Schutzgebiete oder der Ansiedelung bedrohter Tierarten, wie z. B. Bart- und Mönchsgeier, Löwenäffchen oder Schwarzleguane. **TIPP: Übernehmen Sie die Patenschaft für bedrohte Orang-Utans in Peru, für Riesenotter in Peru, Wildkatzen in Deutschland, Nashörner in Ostafrika und Gorillas im Kongo. Erfahren Sie mehr über diese Tiere und ihre Gefährdungen unter www.zgf.de, und klicken Sie »Patenschaften« an.**

Gletscher, Alaska

16. Dezember

Kaminofen-Einmaleins

Lagerfeuerromantik am heimischen Kaminofen zu genießen kann durchaus als umweltgerechtes Verhalten gewertet werden (vgl. 9. September). Doch der neue Heiztrend kann sich ins Gegenteil verkehren, wenn das falsche Holz verwendet wird. Es darf nur mit trockenem, naturbelassenem Holz geheizt werden. Durch das Verbrennen von lackierten oder gar mit Holzschutzmitteln behandelten Hölzern werden Schadstoffe wie Benzpyren, Pyren und Phenatren sowie Schwermetalle freigesetzt, bei mit Kunststoff beschichteten Hölzern gelangen Styrole, Salzsäure und Schwermetalle in die Luft. **TIPP: Wer Müll oder ungeeignetes Holz im Kamin verbrennt, begeht eine Ordnungswidrigkeit. Wer mit Holz heizen will, sollte daher rechtzeitig vorsorgen: Holz aus dem Wald sollte etwa drei Jahre an einem luftigen Ort gelagert werden, ehe es verbrannt wird.**

Ennedi-Gebirge, Tschad

17. Dezember

Finger weg von Misteln

Besonders zur Winterzeit sind die in Bäumen schmarotzenden Misteln eine wertvolle Nahrungsquelle für Vögel. Mistelzweige gelten auch als beliebter Weihnachtsschmuck. Da diese Pflanzen nur einmal im Jahr nachgefragt werden, lohnt sich der kommerzielle Anbau nicht. Laut Bund für Umwelt und Naturschutz in Deutschland (BUND) führt dies dazu, dass die Bestände in der freien Natur ausgebeutet werden. In Deutschland haben einige Bundesländer bereits darauf reagiert und die Mistel unter Naturschutz gestellt. **TIPP: Misteln wachsen sehr langsam: Eine Pflanze von 50 Zentimeter Durchmesser hat bereits ein Alter von 30 Jahren. Verzichten Sie beim Bummel über den Weihnachtsmarkt darauf, Misteln zu kaufen.**

Geysir-Tal, Kamtschatka, Russland

Den Eulen bei Mondschein begegnen

Anfang des Jahres balzen die Uhus. Schon jetzt kann man die größte heimische Eulenart an ihren »u-hu«- bzw. »uh-ju«-Rufen erkennen. Doch um die Vögel hören zu können, muss man sie erst einmal finden. Und da wird's spannend: Uhus beginnen nämlich mit ihren Rufen etwa eine Stunde vor Sonnenuntergang und hören erst gegen Mitternacht auf. Man sollte also am besten bei Mondschein nach den großen Nachtgreifvögeln suchen. Bei passenden Schneelagen sind Langlaufskier oder Schneeschuhe anzuraten. Das Hobby, im Wald nach Eulen zu suchen, ist in den USA als »owling« bekannt. Eine Anleitung zur »Kunst des Eulens« (»Art of Owling«) gibt den Ratschlag, die Tiere durch Nachahmen ihrer Rufe zum Antworten zu bewegen. **TIPP: Am besten übt man die Rufe vorher mit einer handelsüblichen Vogelstimmen-CD. Um später eine Chance auf Antwort zu haben, muss man auch in der richtigen Umgebung sein. Uhus brauchen steile Felswände (z. B. Steinbrüche) in der Nähe gut strukturierter Mischwälder. Allerdings sollte man beim »Owling« nicht zu nah an die Felswand treten, um die Tiere nicht zu verscheuchen.**

Ibisse und Reiher, Orinoko, Venezuela

19. Dezember

Vorbild in Pullover

Jimmy Carter, der 39. Präsident der USA, war dafür bekannt, dass er seine Ansprachen an die Nation in einem dicken, saloppen Strickpullover hielt. Solchermaßen bekleidet, appellierte er im Februar 1977 an die Amerikaner, die Heizung herunterzudrehen. Als Mann der Tat ließ Carter eine Photovoltaikanlage auf dem Dach und einen Kaminofen im Innern des Weißen Hauses installieren. Beides soll von seinem Nachfolger Ronald Reagan wieder rückgängig gemacht worden sein.

TIPP: Besorgen Sie sich ein Innenthermometer, und testen Sie, wie weit Sie die Temperatur unter 20 °C drosseln können, ohne dass es ungemütlich wird. Vlies- und Strickjacke oder modische Hausjacken bringen Gemütlichkeit in Ihr Heim und senken die Heizkosten.

Ol-Doinyo-Lengai-Vulkan, Tansania

20. Dezember

Öko-Süßigkeiten

Irgendwo dort oben am Himmel dürfte er jetzt bereits unterwegs sein – der Weihnachtsmann in seinem Rentierschlitten. Im Gepäck hat er wieder jede Menge leckerer Schokoladen und Lebkuchen für die bunten Teller der kleinen und großen Kinder. Suchen Sie nach Bioschokolade und nach Biolebkuchen aus biologisch angebautem Kakao. Kakao eignet sich laut Naturschutzbund Deutschland (NABU) besonders gut für die Verbindung von Landwirtschaft und Naturschutz, denn die Kakaopflanzen gedeihen am besten im Schutz größerer Bäume. **TIPP: Mit dem Kauf von Schokolade aus ökologisch angebautem Kakao tragen Sie zur Erhaltung der Artenvielfalt bei. Wo Sie die Biosüßigkeiten beziehen können, erfahren Sie z. B. unter www.gepa.de sowie www.transfair.org.**

Wolken, Hawaii

Turbobildung

Der Ernst des Lebens beginnt für Kinder spätestens im Gymnasium. In der immer kürzer werdenden Schulzeit sollen die Kinder so schnell wie möglich das Abitur erlangen. Geopfert wird dafür häufig nicht nur der Sportunterricht, sondern auch all die prägenden Erlebnisse, welche die Kinder beim Toben in Wäldern und Wiesen haben könnten und die laut Konrad Lorenz die Basis für das spätere Umweltbewusstsein bilden. **TIPP: Die Naturschutzjugend (NAJU), eine Unterorganisation des Naturschutzbundes Deutschland (NABU), bietet jedes Jahr viele Abenteuer- und Erlebnisfreizeiten für Kinder an. Oft geht es raus in die Natur zum Spielen, Basteln oder Tiere- und Pflanzenbeobachten. Auf viel Presseecho stößt die Aktion »Erlebter Frühling«, die sich größtenteils an Jugendliche richtet.**

Lava, Kilauea-Vulkan, Hawaii

Ökologische Reiseziele

Wer in Urlaub fährt, erwartet am Urlaubsort vor allem eine intakte Umwelt. Dabei muss man gar nicht den Ausdruck »Ökotourismus« bemühen. Klar ist: Erst wenn am Zielort der Schutz von Natur und Umwelt erfolgreich praktiziert wird, taugt er auch wirklich zum Urlaubsort. Wenig Lärm, wenig Verkehr, saubere Luft und sauberes Wasser sowie Vielfalt in der Kultur und in der Natur sind entscheidend für die Qualität eines Zielgebietes. **TIPP: Machen Sie Urlaub in einer Gegend mit Umweltzertifikat. Einen Überblick über die verschiedenen Ökolabels in europäischen Urlaubsländern gibt die VISIT-Initiative der Europäischen Union (www.yourvisit.info).**

Gräser, USA

Wirkliche Abenteuer für Kids

Wenn sich Kinder langsam von der Kindheit verabschieden und die Pubertät einsetzt, beginnen manche Aktionen der Umweltvereine in ihren Augen ins Uncoole abzudriften. Spaß, Spannung und »Äkschn« werden dann eher in zum Teil sehr brutalen Computerspielen gesucht. **TIPP: Erkundigen Sie sich bei den Umweltverbänden nach geführten Abenteuerfreizeitreisen für Jugendliche. Für wenige hundert Euro bietet die BUNDjugend eine Skifreizeit in Norwegen mit Skilanglauf und Lagerfeuer im Schnee. Infos unter www.bundjugend.de.**

Denali-Massiv, Alaska

24. Dezember

Verschenken Sie die Wunder der Natur

Die Welt steckt voller einmaliger Naturschätze, voller Lebewesen, die unserer Aufmerksamkeit und unseres Schutzes bedürfen. Die Grannenkiefer in den White Mountains Kaliforniens ist mit etwa 9000 Jahren das älteste Lebewesen der Welt. **TIPP: Mit einer NABU-Geschenkpatenschaft bringen Sie die Wunder der Natur auf den Gabentisch. Es gibt Patenschaften zu verschenken für Projekte in Europa, Afrika, für die Wiederkehr der Wölfe, für die Rettung des Schneeleoparden bis hin zum Schutz unserer Zugvögel. Schenker und Beschenkte werden dann beide regelmäßig mit der »Patenpost« über die Projekte informiert.**

Grannenkiefer, USA

25. Dezember

Tier-Detektiv mit oder ohne Neuschnee

»Ausneunen« – so heißt es in der Jägersprache, wenn nach frisch gefallenem Neuschnee die Anwesenheit von Wildschweinen anhand der Spuren ausgekundschaftet wird. Mit einem richtigen Spurenbuch lassen sich nach Neuschnee auch viele andere Tiere wie Eichhörnchen, Füchse, Hasen und Marder ausneunen (vgl. Sie dazu auch den Tipp vom 13. September). **TIPP: Es geht aber auch ganz ohne Schnee. Rehe und Wildschweine benutzen ganz bestimmte Wege (Wildwechsel) immer wieder. Man kann diese am niedergedrückten Gras und an den links und rechts der Wechsel angehäuften Blätter gut erkennen.**

Glacier-Nationalpark, USA

Fachliteratur für Naturbeobachtungen

Der Schriftsteller Aldo Leopold hat es auf den Punkt gebracht: »Wie Wind und Sonnenuntergang nahm man die freie Natur als selbstverständlich hin, bis der Fortschritt sie zu verdrängen drohte. Nun stehen wir vor der Frage, ob ein höherer Lebensstandard es wert ist, mit all dem bezahlt zu werden, was natürlich, wild und frei ist. Für uns, die Minderheit, ist der Anblick von Wildgänsen wichtiger als das Fernsehen, und die Möglichkeit, eine Küchenschelle zu finden, gilt uns als ein ebenso unverzichtbares Recht wie das Recht auf Meinungsfreiheit.« **TIPP: Nutzen Sie die Wintertage, um sich auf die Naturerlebnisse im nächsten Jahr mit folgender Fachliteratur vorzubereiten – und sich darauf zu freuen: *Tierspuren – Beobachtungen durch das Jahr* von Reinhard Witt (München 1999); *Erlebnisplaner Natur – Tiere und Pflanzen entdecken Monat für Monat* von Mario Ludwig (München 2004); *Natur erleben das ganze Jahr* von Veronika Straaß (München 2000).**

Wüste in Namibia

27. Dezember

Brot und Böller

»Zu Silvester auch an die denken, die nichts zu feiern haben« – das ist die Idee, die hinter der Aktion »Brot statt Böller« steckt. Wer Silvester mit ein paar Feuerwerkskörpern zelebrieren möchte, muss kein schlechtes Gewissen haben. Die Deutschen geben zwar jedes Jahr gut 200 Millionen Euro für Feuerwerkskörper aus, das Spendenaufkommen für wohltätige Zwecke beträgt mit 395,3 Millionen (2004) knapp doppelt so viel. **TIPP: Versuchen Sie, in der Spendengroßzügigkeit nur ein bisschen besser zu sein als der Durchschnitt. Spenden Sie einfach etwas mehr als das Doppelte von dem, was Sie für Feuerwerkskörper ausgeben, für gute Zwecke – und lassen Sie es krachen! Infos unter www.brot-statt-böller.**

Tassili n'Adjer, Algerien

28. Dezember

Ökobildung im Haus

Immer mehr Menschen haben nicht nur im Büro, sondern auch zu Hause Internetanschluss. Sie nutzen das Web zum Einkaufen, für Bankgeschäfte oder auch um zu chatten, zu e-mailen und die neuesten Spiele herunterzuladen. Denken Sie daran, dass Sie als Bürger und Wähler gefordert sind und gerade auch über das Internet an der Wissensgesellschaft teilnehmen können. Nur wer richtig informiert ist, handelt auch verantwortungsbewusst. **TIPP: Bringen Sie Ihr Umweltwissen auf den neuesten Stand. Halten Sie sich auf dem Laufenden, und loggen Sie sich direkt beim Bildungsservice des Bundesumweltministeriums ein (www.bmu.de/bildungsservice).**

Steilküste, Galapagos

Wildtiere machen das Leben wertvoll

Ob Lascaux in Frankreich, Altamira in Spanien oder Ayers Rock in Australien: Höhlen und Felsmalereien zeigen, dass wir Menschen schon vor vielen Tausend Jahren ein besonderes Verhältnis zu Tieren hatten. Die angeborene Neigung der Menschen zu allem Lebendigen, die amerikanische Wissenschaftler in der Biophiliehypothese beschreiben (vgl. den Tipp vom 6. September), existierte also schon in der Steinzeit. **TIPP: Durch Wildtiere wird das Leben wertvoll. Sie können mehr für die kleinen und großen Wildtiere in Ihrer Umgebung tun, als Sie denken, z. B. in Form von Vogelfuttersäulen, Nistkästen für Eichhörnchen oder Fledermäuse, Igelfutterhäuschen oder Schmetterlingsblumenmischungen. Suchen Sie im Internet nach Naturschutzprodukten (z. B. unter www.vivara.de und www.schwegler-natur.de). Wenn Sie auch die größeren heimischen Wildtiere und ihre Lebensräume fördern und erleben wollen, ist die Deutsche Wildtierstiftung www.deutschewildtierstiftung.de die beste Adresse.**

Felsmalereien, Australien

30. Dezember

Setzen Sie auf Fortschritt im Umweltbewusstsein

Es ist höchste Zeit zum Handeln. Wie die letzte Weltklimakonferenz 2005 in Montreal gezeigt hat, sind sich Experten vieler Länder darüber einig, dass unsere Lebensweise das Erdklima maßgeblich beeinflusst. Wenn wir den Ausstoß klimaschädlicher Treibhausgase nicht rechtzeitig reduzieren, werden Dürren, Überschwemmungen und Wirbelstürme drastisch zunehmen. **TIPP: Hinken Sie nicht hinterher, sondern gehen Sie voran. Setzen Sie die Standards! Egal, ob Photovoltaik, grüner Strom oder sparsame Haushaltsgeräte – warten Sie nicht, bis der Gesetzgeber Sie zwingt umzurüsten.**

Packeis, Alaska

Praktizierte Umweltethik

Wir sollten uns immer wieder bewusst machen, dass wir diesen schönen Planeten nicht nur mit mehr als 6,5 Milliarden Individuen der Spezies Homo sapiens teilen, sondern mit etwa 1,5 Millionen Tier- und Pflanzenarten. Daraus lässt sich auch eine moralphilosophische Maxime ableiten: Als zivilisierte Menschen sollten wir uns stets so verhalten, dass nicht nur andere Menschen, sondern auch Tiere, Pflanzen und ihre Lebensräume geschützt werden. **TIPP: Bestehen Sie auf Milch von glücklichen Kühen, auf Eiern von glücklichen Hühnern oder Fleisch von glücklichem Wild. Auch wenn »Glück« als Ausdruck der Vermenschlichung belächelt werden könnte, zeigt er lediglich an, dass Sie auch den nichtmenschlichen Wesen auf unserem Planeten Respekt zollen. Das ist nicht sentimental, sondern gelebte Umweltethik.**

Grauwal, Mexiko

ADRESSEN

NATUR- UND ARTENSCHUTZ

Bundesamt für Naturschutz: www.bfn.de

Kuratorium »Alte liebenswerte Bäume«: www.alte-baeume.de

Verein für Arten-, Umwelt- und Naturschutz: www.vauna-ev.de

Zoologische Gesellschaft Frankfurt: www.zgf.de

REGIONALENTWICKLUNG

Netzwerk der Regionalinitiativen: www.reginet.de

REISEN

Abruzzen: www.abruzzen-online.de

Bayerischer Wald: www.daistderbaerlos.de

Nachhaltiger Tourismus: www.chumbeisland.com, www.esperanza-tours.de, www.amazontrailsperu.com

Ökotourismus in Europa: www.yourvisit.info

Stiftung Weimarer Klassik und Kunstsammlungen: www.swkk.de

Vulkan Expeditionen International: www.v-e-i.de, www.vulkanexpeditionen.de

SCHUTZGEBIETE

Amerikanische Nationalparks:
www.nps.gov

Biosphärenreservate:
www.biosphaerenreservat.de

Das Grüne Band: www.dasgrueneband.info

Ehrenamt im Naturschutz:
www.freiwillige-in-parks.de

Küstennationalparks Deutschland:
www.wattenmeer-nationalpark.de, www.nationalpark-vorpommersche-boddenlandschaft.de, www.nationalpark-jasmund.de

Mit der Bahn zu den Schutzgebieten:
www.fahrtziel-natur.de

Nationalpark Bayerischer Wald:
www.nationalpark-bayerischer-wald.de

Nationalpark Berchtesgaden:
www.nationalpark-berchtesgaden.de

Nationalpark Harz:
www.nationalpark-harz.de

Nationalpark Hainich:
www.nationalpark-hainich.de

Nationalpark Kellerwald-Edersee:
www.nationalpark-eifel.de

Nationalpark Müritz:
www.nationalpark-mueritz.de

Nationalpark Sächsische Schweiz:
www.nationalpark-saechsische-schweiz.de

Nationalpark Unteres Odertal:
www.unteres-odertal.de

Portal für Schutzgebiete:
www.europarc-deutschland.de

STRAHLENSCHUTZ

Bundesamt für Strahlenschutz:
www.bfs.de

Strahlungsarme Handys:
www.handywerte.de

UMWELTINFORMATIONEN

Bundesministerium für Umwelt, Naturschutz und Reaktorsicherheit: www.bmu.de

German Environmental Information Network: www.gein.de

Umweltbundesamt: www.umweltbundesamt.de

Umweltdatenbank: www.gein.de

Umweltnachrichten von Franz Alt: www.sonnenseite.com

UMWELTTIPPS FÜR VERBRAUCHER

Bund für Umwelt und Naturschutz: www.bund.net

Katalyse Institut für angewandte Umweltforschung: www.umweltjournal.de

UMWELTZEICHEN

Blauer Engel: www.blauer-engel.de

VERKEHR

Alternativer Kraftstoff: www.biodiesel.de

Carsharing: www.greenwheels.de

Deutsche Bundesbahn: www.bahn.de.

Erdgasfahrzeuge: www.erdgasfahrzeuge.de

Verkehrsclub Deutschland: www.vcd.org

VOGELKUNDE

Vogelkunde, Naturschutz: www.nabu.de

Vogelzählung: www.vogelmonitoring.de

Vogelzugsforschung: www.vogelwarte-helgoland.de

WALDWIRTSCHAFT

Holz aus heimischen Wäldern: www.kerniges-holz.de

Holz aus nachhaltiger Forstwirtschaft: www.fsc-deutschland.de

WASSER

Abwasserwissen: www.klaerwerk-online.de

Hochwasserportal für Jugendliche: www.hochwasser-special.de

Naturnahe Fließgewässer: www.nabu.de

Totholz in Fließgewässern: www.totholz.de

Wasser für Kinder des Aralsees e.V.: www.aralsee.org

Wasserqualität in Deutschland: www.forum-trinkwasser.de

WELTBEVÖLKERUNG

Deutsche Stiftung Weltbevölkerung: www.dsw-online.de

WELTHANDEL

Fairer Welthandel: www.transfair.org, www.fairtrade.de, www.gepa.de

WELTHUNGERHILFE

Deutsche Welthungerhilfe: www.welthungerhilfe.de

Missionswerk Frohe Botschaft e. V.: www.mfb-info.de

WILDBIOLOGIE

Biber in Deutschland: www.biber.info

Raubtiere in Europa: www.kora.unibe.ch

Rothirsche in Deutschland: www.rothirsch.org

WILDTIERE (Schutz von Wildtieren und Ihren Lebensräumen)

Deutsche Wildtierstiftung: www.deutschewildtierstiftung.de

Philippe Bourseiller ist Bergsteiger, Höhlenforscher und Taucher. Er erkundet die Natur in all ihren Facetten, die Kamera stets zur Hand, und bringt erstaunliche Bilder von seinen Entdeckungsreisen mit. Er begann bei der Tagespresse und machte sich mit seinen Reportagen über aktive Vulkane einen Namen als Fotograf des Blauen Planeten. Bourseiller wurde bereits mehrfach für den World Press Award nominiert und wünscht sich, dass die Schönheit seiner Bilder die Menschen im Umgang mit der Natur zu mehr Maß und Umsicht bewegt.

Till Meyer studierte Zoologie und Journalistik an der Kent State University, USA, und war anschließend Redakteur bei verschiedenen Zeitschriften mit naturwissenschaftlichem Schwerpunkt. Inzwischen lebt er als freier Wissenschaftsjournalist in München, wo er für diverse Umweltorganisationen tätig ist.

Anne Jankéliowitch arbeitet als Umweltingenieurin und Redakteurin, die sich auf Natur, Ökologie und die Sensibilisierung der Öffentlichkeit für die Umwelt spezialisiert hat. Sie nahm an verschiedenen Aktionen von Greenpeace und WWF teil.

DANKSAGUNG

Mein ganz besonderer Dank gilt
meinem Verleger Hervé de La Martinière für sein Vertrauen in mich und in dieses Projekt,
Benoît Nacci für die gelungene Auswahl der Bilder,
Anne Jankéliowitch für ihre sehr gute Recherche und Arbeit an den 365 Texten, die meine Fotografien begleiten,
Catherine Guigon und Emmanuelle Halkin für ihre Anmerkungen zu den Texten und deren Anordnung sowie der ganzen Belegschaft der Éditions de La Martinière, vor allem Dominique Escartin, Sophie Giraud, Audrey Hette, Marianne Lassandro, Valérie Roland, Isabelle Perrod, Sophie Postollec und Cécile Vandenbroucque.

Mein Dank gilt außerdem allen, die mich im eigentlichen oder übertragenen Sinn auf meinen Reisen begleitet haben:
Claude Arié, Yann Arthus-Bertrand, Jean-Philippe Astruc, Jacques Bardot, Alain Bougrain-Dubourg, Jean-Marc Bour, Monique Brandily, Yves Carmagnolles, Sylvie Carpentier, Jean-François Chaix, Carolina Codo, Richard Fitzpatrick, Alain Gerente, Patrice Godon, Robert Guillard, Nathalie Hoizey, Gérard Jugie, Janot und Janine Lamberton sowie dem gesamten Team der Inlandeis-Expeditionen, Monique Mathews, Frédéric und Mimi Neema, Stephan Peyron, Philippe Poissonier, Gloria Raad, dem Raie Manta Club, Margot Reynes, Hoa und Jean Rossi, John und Linda Rumney sowie der ganzen Mannschaft der Undersea Explorer, Diane Sacco, Hervé Saliou, Vincent Steiger, Sally Zalewski.

Ich bedanke mich bei Géro Furchheim, Gaelle Guoinguené und Jean-Jacques Viau von der Firma Leica, die mich schon lange Zeit treu begleiten. Ich habe mit den Leica-Kameras R 9 und M 7 und deren Objektiven von 19 mm bis 280 mm gearbeitet, die von bewährter Qualität und Strapazierfähigkeit sind.

Vielen Dank auch an Marc Héraud und Bruno Baudry der Firma Fuji-Film für ihre Hilfe und Verfügbarkeit. Alle Aufnahmen wurden mit Fujichrome-Velvia-Filmen gemacht.

Mein Dank geht an Olivier Bigot, Denis Cuisy von Rush Labo, Jean-François Gallois von Central Color und Stephan Ledoux von der Cité de l'Image.

Außerdem bedanke ich mich bei dem gesamten Team von Richard Lippman von Quadrilaser.

Und einen herzlichen Dank möchte ich auch all jenen aussprechen, die hier namentlich nicht genannt werden, die mich aber bei meiner Arbeit sehr unterstützt haben.

Bibliografische Information Der Deutschen Bibliothek
Die Deutsche Bibliothek verzeichnet diese Publikation in der Deutschen Nationalbibliografie;
detaillierte bibliografische Daten sind im Internet über http://dnb.ddb.de abrufbar.

Titel der Originalausgabe: *365 gestes pour sauver la planète*
Erschienen bei Éditions de La Martinière, Paris, 2005

Deutsche Erstausgabe

Ein Unternehmen der La Martinière Groupe

Originaltext: Anne Jankéliowitch
Deutsche Bearbeitung: Till Meyer
Umschlaggestaltung: Fabian Arnet
Satz: satz & repro Grieb, München
Druck: Pollina, Luçon - L20491a
Printed in France

ISBN-13: 978-3-89660-348-7
ISBN-10: 3-89660-348-5

www.knesebeck-verlag.de